W0185565

Stadtbücherei Stuttgart
99419350 ZB

© Verlag Zabert Sandmann GmbH, München
1. Auflage 1998
Redaktion: Antje Küthe
Art Director: Hartwig Kloevekorn
Fotos: Christian R. Schulz,
Staatliche Museen Kassel (S. 10)
Herstellung: Peter Karg-Cordes
Lithografie: Kruse Reproduktionen, Vreden
Druck: Neue Stalling, Oldenburg
ISBN 3-932023-17-x

In Zusammenarbeit mit der Teleteam GmbH Quickborn

Alles aus dem SUPPENTOPF

leicht herzhaft exotisch

Marion Kiesewetter

Meine besten 80 Rezepte

LANDESHAUPTSTADT STUTTGART
KULTURAMT
ZB
STADTBÜCHEREI

AUSGESCHIEDEN
Stadtbibliothek Stuttgart

ZABERT
SANDMANN

Mit meinem neuen Buch möchte ich auch
den letzten Suppenkasper davon überzeugen:
„Eine dampfende, köstliche Suppe ist das Geheimrezept,
um Familie und Freunde glücklich zu stimmen."
Also nichts wie ran, Topfdeckel gelüftet und geschnuppert.
Ich verspreche Ihnen pures Suppenglück,
wie immer begleitet von phantasievollen Rezepttiteln
und einem Potpourri kleiner Anekdoten.
Für jede Jahreszeit und jede Gelegenheit finden Sie hier
die richtigen Zutaten: Eine einfache Suppe zu verfeinern,
einem deftigen Eintopf Glanzlichter aufzusetzen oder
einer Festtagssuppe die gewünschte Raffinesse zu verleihen.
Dabei kombiniere ich bodenständige Rezepte mit moderner
Küchenpraxis, traditionsbeladene Gerichte werden abgespeckt,
neue Kreationen mit Leichtigkeit und viel Frische aufgetischt.
Mein oberstes Gebot bei aller verführerischer Kochkunst:
Kochen macht Spaß, wenn die Zutatenliste nicht
zum Einkaufsmarathon wird, die Zubereitung so simpel ist,
daß sie auch jungen Kochanfängern gelingt.
Mit einem Quentchen Wissen, worauf es beim Suppekochen
ankommt, sind Sie bestens vorbereitet.
Wenig Aufwand, kein Streß, das ist das beste Grundrezept!
Mit meiner reichhaltigen Suppen-Auslese werden Sie
schnell auf den Geschmack kommen: von der samtigen
Spargelcremesuppe bis zum deftigen Pichelsteiner Eintopf,
vom fleischlosen Kürbis-Mais-Topf bis zur spanischen
Tomatensuppe, von einer eisgekühlten Melonen-Kaltschale
bis zur raffinierten Fischsuppe. Für Eilige werden
Blitzsuppen zu Favoriten. Haben Sie Appetit bekommen?

In der Fernsehserie „Bi uns to Hus" lasse ich
mir von Ihnen wie immer gerne in die Töpfe gucken.
Ihre Marion Kiesewetter

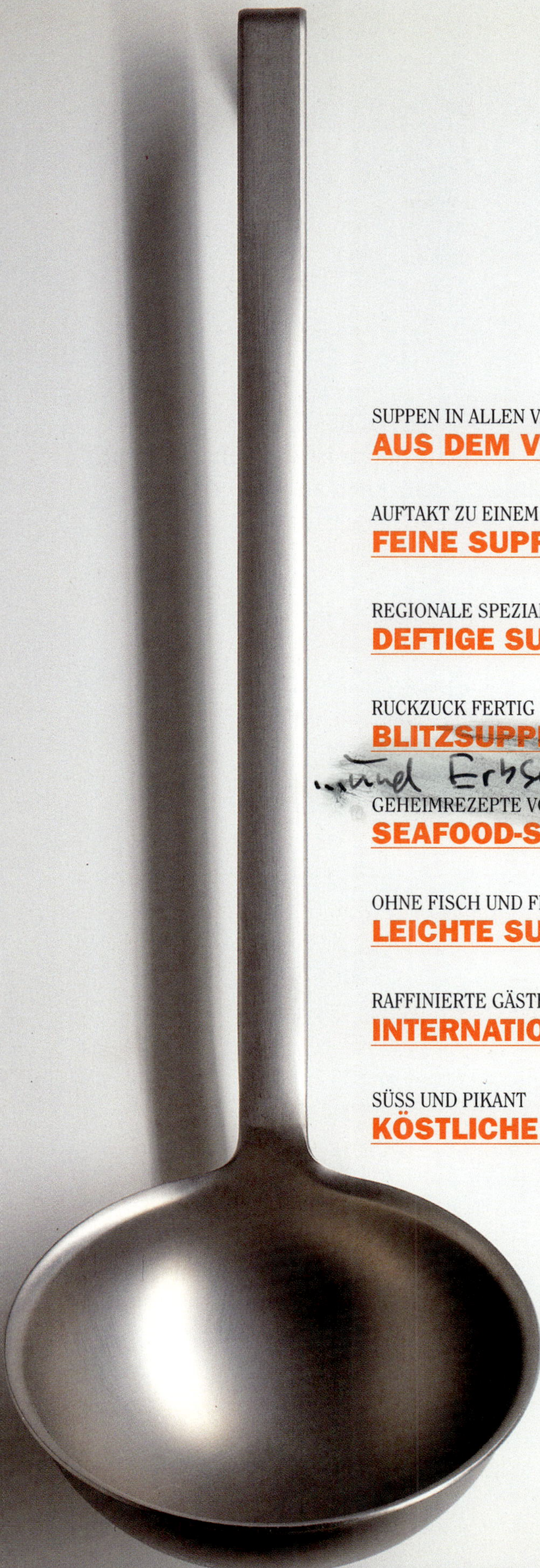

...und Erbsensuppen sind Donner suppen?

SUPPEN IN ALLEN VARIATIONEN

AUS DEM VOLLEN SCHÖPFEN

Essen Sie auch so gerne Suppe?
Dann liegen Sie voll im Trend und befinden sich in bester Gesellschaft von unzähligen Suppenfans. Denn Suppe und Eintopf werden als Verwöhn-Essen mit Gourmet-Charakter gefeiert. Geben Sie nur die besten Zutaten in den großen Suppentopf. Würzen Sie mit aromatischen Kräutern und runden Sie alles mit einer Prise Phantasie ab. Deckel drauf und alles bei kleiner Flamme köcheln lassen. Mmmh, was für ein verführerischer Duft! Ob großer Heißhunger oder kleiner Appetit, genießen und einfach gut schmecken lassen!

Das Arme-Leute-Essen bestand aus einem Topf mit einer dünnen Mehlsuppe.

DIE SUPPE IM WANDEL DER ZEIT

Etwas Warmes braucht der Mensch

Die Zähmung des Feuers erlaubte es, Fleisch und Fisch zu braten. Die erste „Ursuppe" garten Steinzeitmenschen mit glühenden Steinen in wasserfest gemachten Säcken. Die Geburt der suppenähnlichen Speisen fand etwa 7500 Jahre vor Christus im Vorderen Orient mit der Erfindung eines Gefäßes aus gebranntem Ton statt. Darin kochte man ausschließlich in Wasser Getreide, Wurzelwerk und verschiedenartige Blätter. Von der Antike bis ins Mittelalter glichen Suppen meist einem Brei, der mit Händen gegessen werden mußte. Der Erfindungsgeist der Menschen machte aus Schneckenhäusern und Muschelschalen Löffel, indem sie mit getrockneten Knochen oder hölzernen Griffen versehen wurden. Geschnitzte Holzlöffel wurden schließlich von kunstvoll gefertigten Löffeln aus Metall abgelöst. Bis ins vorige Jahrhundert ersetzte oft eine Vertiefung in der Mitte des Holztischs den Topf, aus der alle löffelten. Mehrere Tischmulden übernahmen die Funktion von Suppentellern, die sich nur Wohlhabende leisten konnten.

Die Suppe am Königshof

In der Antike war der Suppenbrei in erster Linie Magenfüller und sollte satt machen. Hülsenfrüchte und Getreide dienten Griechen, Römern und Germanen als Grundlage, mal mit einigen Oliven, Ziegenkäse und gesalzenem Fisch gewürzt, mal mit Gemüse und Fleisch. Die Römer bezeichneten alle flüssigen Gerichte mit dem Namen „potus", was sich von dem Wort potare (trinken) ableitet. Die französische Bezeichnung für Eintopf „potée" und für Suppe „potage" geht darauf zurück.
Bereits im 14. Jahrhundert räumte der Hofkoch Karls V. von Frankreich in seinem Kochbuch den Suppen einen besonderen Platz ein.
Mit Glanz und Glorie hielt die Suppe ab dem 16. Jahrhundert Einzug in Königshäuser und Adelskreise. Als hoffähige Speise kam sie zu nie geahntem Ruhm, ob bei Hofe des Sonnenkönigs, bei „Preußens" oder Habsburgern. Verschwenderische Fülle feiner Zutaten machte aus der Suppe ein opulentes Mahl. Terrinen, einst einfachste irdene Schüsseln, wurden jetzt aus Gold und Silber kunstvoll gefertigt und kosteten ein Vermögen. Das Bürgertum sonnte sich im Glanz versilberter Duplikate.

Die Suppe – ein karges Mahl

Mit einem Teller dünner Suppe zu überleben war im 18. und 19. Jahrhundert angesichts wirtschaftlicher Not, Arbeitslosigkeit und Kriegen die Realität. Benjamin Thompson, Reichsgraf von Rumford, erfand für die Münchner die berühmte Rumfordsuppe aus Graupen, Erbsen, Kartoffeln, wenig Fleisch und etwas frischem Gemüse. Ihr ernährungsphysiologischer Wert hält durchaus neuesten Erkenntnissen stand. Damals machte sie eine große Anzahl armer Leute einfach satt und das war mehr, als eine dünne Wassermehlsuppe konnte.
Die Suppe wurde nun abgestempelt als Arme-Leute-Essen. Geändert hat sich das erst in den letzten Jahrzehnten, in denen sie mit aller Macht ins Rampenlicht drängt. Zu einer guten Suppe finden sich leicht Gäste, sagt ein Sprichwort und das mit Recht.

Die Suppe fließt vom Band

Lag die Kochkunst bislang in den Händen herrschaftlicher Köche und Hausfrauen, änderte die industrielle Revolution vieles. Von der modernen Ernährungsindustrie wurden neue Wege eingeschlagen. Vorgefertigte, zeit- und arbeitssparende Lebensmittel von gleichbleibender Qualität drängten auf den Markt. Allen voran die Suppe als Convenience-Produkt.
Liebig's Fleischextrakt und Knorr's Erbswurst finden sich heute noch in den Regalen der Supermärkte. Der Name des Schweizers Julius Maggi ist immer noch Synonym für Fertigsuppen und -würze.
Die große Palette der Fertigsuppen reicht mittlerweile vom deftigen Linseneintopf über Brokkolirahmsuppe bis hin zur feinsten Hummercremesuppe. Ob fix und fertig in Dosen oder tiefgefroren oder nur mit Wasser anzurühren, ob internationale oder nationale Spezialitäten, das Sortiment ist unerschöpflich. Die Suppe hat dabei viele Gesichter: Als sättigende Hauptmahlzeit, als kleiner Hungerdämpfer, als schneller Snack, als Gaumenkitzel für Feinschmecker, als Mitternachtsimbiß auf einer Party oder als gesunder Fitmacher ohne Fleisch ist sie einfach unschlagbar.

DAS KLEINE SUPPEN-SPECIAL

Märchen von gestern – der Suppenkaspar

Als erzieherisches Mittel hatte die Geschichte vom kleinen Suppenkaspar vor 150 Jahren durchaus seine Bedeutung. In einer Zeit, in der die Armut so groß war, daß tagein tagaus nur eine dünne Mehlsuppe auf den Tisch kam, stand das abschreckende Beispiel vom Suppenkaspar für am Essen rummäkelnde Kinder drohend im Raum. „Ich esse meine Suppe nicht. Nein, meine Suppe eß ich nicht“, sagte er, magerte zum Strich ab und „war am fünften Tage tot“. Die letzten Jahrzehnte haben das abschreckende Bild des Suppenkaspars gottlob vergessen lassen.

Erfindung der Feldküche – die Gulaschkanone

Um die Verpflegung der Truppe in Kriegszeiten zu gewährleisten, war ein großer, fahrbarer Suppenkessel die praktische Lösung. Vor 200 Jahren brachte die Feldküche eines ungarischen Regiments ihr vortreffliches Gulasch mit nach Wien. Bald hieß jede Feldküche Gulaschkanone, egal was auch immer für ein deftiger Eintopf im Kessel dampfte und den hungrigen Soldaten ihrem ständigen, großen Appetit den Kampf ansagte.

Suppen-Kunst aus USA – Campbell's Tomato Soup

Der 1987 verstorbene Pop-Artist Andy Warhol hat den amerikanischen Geschmack deutlich skizziert. In seinen Bildern „Campbell's Soup Cans“ wird die Tomatendose zum Kunstobjekt. Nicht die natürliche Tomate, sondern das Industrieprodukt Suppe wurde zum Mittelpunkt: Anreiz und Mittelpunkt seiner ebenso zeitkritischen wie künstlerischen Aussage.

Arbeiterimbiß mit Weltruf – Französische Zwiebelsuppe

Längst sind die alten Großmarkthallen von Paris verschwunden, geblieben sind im Quartier zahlreiche Bistros und Kneipen, die mit ihrer köstlichen Zwiebelsuppe noch immer Touristen anlocken. Damals war sie eine willkommene Stärkung für Metzger, Gemüsebauern, Fischhändler, Lastenträger und Kistenschlepper, die mitten in der Nacht ihre Arbeit begannen und sich im Morgengrauen über eine heiße, überbackene Zwiebelsuppe freuten. Die mondäne Gesellschaft zog es nach einer langen, durchfeierten Nacht zum „Bauch von Paris“, wie die Markthallen auch genannt wurden, galt es doch als besonders chic, sich unter das gemeine Volk zu mischen und eine Kostprobe der anderen Art zu nehmen.

Deftiger Nostalgie-Geschmack – Aschingers Erbsensuppe

Im Jahr 1892 eröffnete Aschinger seine erste „Bierquelle“ in Berlin. Hier gab es den Teller Erbsensuppe mit Speck schon für ein paar Groschen. Die Idee des Unternehmens: Satt soll der Gast werden, schnell soll's gehen, und billig muß es sein. Es folgten weitere Filialen. Das Geschäft blühte. Die erste Fast-Food-Kette war für viele Angestellte, Studenten, Künstler und Reisende ein begehrtes Ziel, um ihren hungrigen Magen zu füllen. Das letzte Aschinger zählte noch einige Jahre nach dem Krieg zum Nostalgie-Treff, bevor es seine Pforten schloß.

Kenner verehren feinstes Porzellan als „weißes Gold“.
Klassisch-schönes Gedeck für die Festtagstafel mit Suppengang.

Schöne Terrinen – anno dazumal waren kunstvolle Prunkstücke einer festlichen Tafel und verkörperten den Glanz höfischer Suppenkultur.
Von oben nach unten:
Porzellan, Meißen, nach 1744
Fayence, Hanau um 1750
Steingut, Flörsheim 1791/92
Fayence, Offenbach, um 1800
Steingut, Wächtersbach, 1894

GRUNDLAGEN DES GUTEN GESCHMACKS

Hier wird mit Wasser gekocht – die kräftige Brühe

Brühe, Fond oder Bouillon sind nur verschiedene Bezeichnungen für die Basis aller Suppen und die muß gehaltvoll sein. Wer hier schon gute Zutaten verwendet, kocht sein Süppchen vom Feinsten.

Grundrezept: Fleisch- und Geflügelbrühe

Sie brauchen für 2 Liter:
1 Suppenhuhn oder 500 g Ochsenbein (ersatzweise 500 g Rinderbrust und 1-2 Markknochen)
1 Bund Suppengrün
1 Zwiebel, 1 Nelke
4-6 Pfefferkörner
1 Lorbeerblatt, Salz

Suppenhuhn in Stücke teilen, in einen großen Topf geben (oder Beinscheibe und Markknochen). Mit gut 2 l kaltem Wasser bedecken und langsam zum Kochen bringen. Den Schaum, der sich an der Oberfläche gebildet hat, abschöpfen. Das zerkleinerte Suppengrün, die gepellte Zwiebel und die Gewürze zugeben. Gut 1 EL Salz zufügen. Brühe erneut zum Kochen bringen. Deckel auflegen und bei geringer Hitze eben unter dem Siedepunkt etwa 3 Stunden köcheln lassen.

Das Durchsieben

Nach dem Kochen wird die Brühe durch ein Sieb gegossen. Für einen Eintopf reicht ein normales Haushaltssieb, feiner und klarer wird die Brühe, wenn Sie ein Haarsieb nehmen oder wie die Profis ein Spitzsieb. Auf keinen Fall die Zutaten pressen.

Das Klären

Für eine edle Vorsuppe reicht Durchsieben oft nicht. Die Eiweißstoffe (aus Fleisch oder Fisch) bilden einen trüben Schaum. Diese Trübstoffe werden gebunden, indem Sie ein rohes Eiweiß in die heiße Brühe einrühren. Eiweißschaum mit einem Löffel entfernen.

Das Entfetten

Die Fettschicht mit Kelle, Löffel oder Küchenpapier abschöpfen. Noch besser, die Brühe über Nacht kalt stellen. Das festgewordene Fett am nächsten Tag abheben.

MEINE TIPS
* Eine Fleischbrühe bekommt einen unübertroffenen Geschmack, wenn Sie Rindfleisch zusammen mit Kalbsbrust kochen.
* Die Stiele von einem Bund Petersilie in der Brühe mit kochen.
* Getrocknete Pilze geben Fleischbrühe ein besonderes Aroma.
* Suppenfond in kleinen Portionen als Basis für Saucen einfrieren.

Grundrezept: Fischfond

Sie brauchen für 2 Liter:
700 g Fischreste (Köpfe und Gräten, am besten magere Weißfische wie Scholle, Zander, Steinbutt)
2 EL Butter, 4 Schalotten, gewürfelt
2 Stangen Porree (nur das Weiße)
1 kleines Stück Knollensellerie
2 Petersilienwurzeln
3/8 l trockener, junger Weißwein
1 Lorbeerblatt
8 weiße Pfefferkörner, Salz

Die Kiemen aus den Köpfen entfernen. Fischreste unter fließendem Wasser solange abspülen, bis das Wasser klar ist. Die Fischreste zerkleinern und in der Butter andünsten. Schalotten und kleingeschnittenes Gemüse zugeben. Den Weißwein und 1½ l kaltes Wasser angießen. Gewürze zugeben und langsam zum Kochen bringen. Dabei die Suppe abschäumen. 20 - 30 Minuten im offenen Topf leise köcheln lassen. Auf keinen Fall länger, der Fischfond schmeckt sonst leimig. Durch ein mit einem Mulltuch ausgelegtes Sieb gießen. Mit Salz würzen.

Grundrezept: Gemüsebrühe

Sie brauchen für 2 Liter:
750 g zerkleinertes Gemüse (Möhre, Knollensellerie, Porree, Petersilienwurzel) und 1 gewürfelte Zwiebel in 2 EL Öl andünsten. 1 Lorbeerblatt, 4 Pfefferkörner, 2 Pimentkörner und 1 Bund grobgehackte Petersilie mit Stielen zugeben. 2 l kaltes Wasser angießen und langsam aufkochen. Dann abschäumen. Die Gemüsebrühe etwa 45 Minuten leise köcheln lassen und durchsieben. Mit Salz würzen.

Industriell vorgefertigt – Brühe, Fond und Extrakt

Am besten selbermachen oder auf fertige Brühen zurückgreifen? Die Antwort ist klar, im Supermarkt finden Sie eine große Palette, die von verschiedenen Sorten gekörnter Brühe, über Extrakt in Pastenform bis hin zu fertigen Fonds reicht. Diese Produkte sind ganz ausgezeichnet und willkommene Helfer für den eifrigen Suppenkoch. Für ein besonders edles Süppchen ist selbermachen fast Pflicht. Darüber hinaus können Sie Brühe in großer Menge kochen und bestens auf Vorrat einfrieren.

FUNKTIONELL UND FORMSCHÖN: TÖPFE IM EINSATZ

Der Kochtopf ist das älteste Kochgeschirr, das je vom Menschen hergestellt wurde. Bis ins 19. Jahrhundert waren alle Töpfe auf Grund der begrenzten Herstellungstechniken überwiegend bauchig, damit aber auch zweckmäßig für die offene Feuerstelle. Erst ab Mitte des letzten Jahrhunderts führte der unaufhaltsame, technische Fortschritt zu einer neuen, zylindrischen Formgebung mit völlig geraden Wänden.
Ein richtiger Suppentopf ist groß, Höhe und Breite sind neben der geraden Form ausschlaggebend. Bedenken Sie, daß zur Flüssigkeitsmenge noch die festen Bestandteile hineinkommen. Grundsätzlich gilt, lieber den Topf eine Nummer größer wählen, damit nichts so schnell überlaufen kann.
Hervorragende Eigenschaften haben Töpfe aus Aluminiumguß mit einer dreischichtigen SilverStone Antihaftversiegelung und einem 6 mm dicken Topfboden, der eine schnelle Wärmeaufnahme garantiert. Die Vorteile liegen dabei klar auf der Hand, in diesen Töpfen brennt nichts an, die Reinigung ist dementsprechend problemlos. In ihnen übersteht die Partysuppe oder ein scharfes Chili con carne auch stundenlanges Warmhalten. Aluguß ist trotz Größe und Umfang leicht und handlich. Wer schon einmal einen 10 l Topf aus Eisenguß mit Inhalt angehoben hat, weiß diesen Vorteil besonders zu schätzen.
Edelstahltöpfe sind klassisch schön. Die „Stahlharten" verlangen aber eine schonende Behandlung. Kratzende Pfannenwender, Gabeln oder Messer sind in ihnen ebenso tabu wie in antihaftversiegelten Töpfen, da eine zerkratzte Oberfläche das Ansetzen von Speisen beschleunigt. Zum Reinigen weder Scheuerpulver noch Stahlbürsten nehmen. Blitzblank und frei von Verfärbungen wird Edelstahl, wenn Sie es mit Zitronensaft oder Essigwasser auswaschen.
Der neueste Trend sind Töpfe in blau, grün oder in der Modefarbe Curry. Auf dem Eßtisch nehmen sie im jungen Haushalt den Platz von Terrinen ein.

Töpfe in allen Größen

Die Größe des Suppentopfs hängt davon ab, wieviel Suppe Sie kochen. Für ein Huhn, Suppenfleisch, Hülsenfrüchte oder Nudeln ist ein Topf mit 10 l Fassungsvermögen gerade richtig. Ideal auch für Partysuppen. Eine gängige Größe mit 4-5 l Inhalt reicht für ein 4-Personen-Rezept. Kleinere Töpfe oder Stielkasserollen sind zum Aufwärmen oder die schnelle Tütensuppe gedacht.

DAS KLEINE SUPPEN-EINMALEINS

Auf die Schnelle: Suppeneinlagen

Fleisch- und Mehlklößchen gibt's fertig abgepackt in der Tiefkühltruhe. Separat in etwas heißer Brühe auftauen, erst dann in die Suppe geben. So schmecken sie doppelt gut. Eine schnelle Alternative sind Klößchen aus rohem Bratwurstbrät, die direkt aus der Pelle in heißes Fett gedrückt und angebraten werden, bevor sie in die Suppe kommen.

Eierstich können Sie in kleinen Dosen fertig kaufen und immer vorrätig haben. Besonders hübsch sieht es aus, wenn Sie ihn in kleine Rauten schneiden.
Zum Selbermachen: 2 Eier mit 1/8 l Milch verrühren, mit Salz, Pfeffer und Muskat würzen. Zugedeckt im heißem Wasserbad etwa 40 Minuten stocken lassen.

Flädle sind in Streifen geschnittene Eierkuchen, die die Schwaben als Suppeneinlage für eine klare Brühe bevorzugen. In Österreich heißen sie Frittaten oder Fridatten.
Dafür einfach 50 g Mehl mit einer Prise Salz, 1/8 l Milch und einem Ei verquirlen. In heißem Butterschmalz dünne Eierkuchen backen. Aufrollen und in Scheiben schneiden.

Maultaschen, eine schwäbische Spezialität, sind eine Variante der italienischen Ravioli. Sie finden die Eierteigwaren mit Hack-, Käse- oder Spinatfüllung fertig abgepackt im Kühlregal. Italienische Delikatessenläden oder Marktstände bieten die frischen Ravioli oder Maultaschen auch lose an. Schwäbische Hausfrauen schwören zwar auf selbstgemachte, die fertigen sind aber durchaus empfehlenswert.

KRÄUTER UND GEWÜRZE

Sie geben Suppen und Eintöpfen das gewisse Extra, sollten aber niemals allzusehr dominieren, damit der Eigengeschmack von Fleisch, Fisch und Gemüse noch erhalten bleibt.
Wer phantasievoll würzt, gibt Suppe und Eintopf immer wieder einen interessanten, neuen Geschmack.

Aus dem Kräutergarten

Empfindliche Kräuter wie Petersilie, Schnittlauch, Dill, Kresse, Kerbel und Basilikum nicht mit kochen, da sie an Eigengeschmack verlieren. Erst am Ende der Garzeit untermischen. Auch wenn keine Kräuter vorgesehen sind, etwas gehackte Petersilie oder einige Schnittlauchröllchen geben einer Suppe immer ein appetitliches Aussehen. Wer keine frischen Kräuter zur Hand hat, nimmt tiefgefrorene. Die robusten Kräuter wie Bohnenkraut, Thymian, Rosmarin, Majoran oder Oregano vertragen auch große Hitze und entfalten ihr volles Aroma erst beim Kochen. Am besten nicht mit anderen Kräutern und Gewürzen mischen, da sie sehr eigenständig sind. Je nach Jahreszeit frisch oder getrocknet verwenden. Um ein dezentes Aroma zu erzielen, einige Kräuterzweige als Bündel mit Küchengarn zusammenbinden (Bouquet garni) und mit kochen. Das Kräuterbündel zum Schluß aus der Suppe nehmen. Empfehlenswert für alle, die neue Kräuter zum ersten Mal ausprobieren.

Petersilie läßt sich mit anderen Kräutern und Gewürzen kombinieren.
Dill schmeckt intensiv. Ideal für Fischsuppen.
Schnittlauch würzt klare Brühen, Gemüse- und Kartoffelsuppe. Paßt zu Eintöpfen mit Hülsenfrüchten ebensogut wie für Fleischeintöpfe.

Kresse ist scharf-würzig. Ideal für gebundene Suppen und Eintöpfe.
Kerbel verfeinert mit seinem zart anisähnlichen Aroma Fischsuppen, Gemüsesuppen und klare Brühen.
Basilikum ist nicht nur der Hit für Tomaten, probieren Sie das Italien-Kraut zu Kartoffel- oder Gemüsesuppe.
Bohnenkraut unterstreicht den Geschmack von grünen Bohnen ebenso wie den von getrockneten, weißen Bohnen. Empfehlenswert auch zu Kartoffeln und getrockneten Erbsen.
Thymian paßt an deftige Fleisch-, Gemüse- und Hülsenfrucht-Eintöpfe.
Estragon ist sehr eigenständig, sparsam für Geflügel, Eiergerichte, frische Erbsen und Spargel nehmen.
Minze bringt den Frische-Kick. Für pikante und süße Kaltschalen ideal.
Majoran/Oregano schmecken zu allen deftigen Eintöpfen mit viel Gemüse, mit und ohne Fleisch, zu Kartoffeln und Hülsenfrüchten.

Kennen Sie Maggikraut?
Gemeint ist Liebstöckel, ein aromastarkes Suppengewürz, das gänzlich aus der Mode gekommen ist und das nur noch in der flüssigen Würzsauce seinen Liebhaberkreis hat.

Aus dem Gewürzbord
In ihm finden Sie eine Fülle von „Aromaträgern", die sich für Suppen und Eintöpfe eignen. Die Gewürze sollten gleich von Anfang an mit kochen, damit sie sich mit den übrigen Suppenzutaten harmonisch verbinden.
Paprika und Curry in heißem Fett anschwitzen, dabei den Topf vom Feuer nehmen. So entwickeln beide Gewürze am besten ihr Aroma. Sie dürfen nicht verbrennen, sonst schmecken sie bitter.
Paprika edelsüß ist mild, Rosenpaprika scharf. Paprika würzt Gulaschsuppe, paßt aber auch zu Kartoffeln, Sauerkraut, Kohlgerichten, Schweinefleisch und Fisch.
Curry gibt es in verschiedenen Schärfen. Madras-Curry ist besonders scharf. Würzt Suppen auf asiatische Art, mit Geflügel und Fisch.
Kümmel macht Schwerverdauliches bekömmlicher und ist daher für deftige Eintöpfe mit fettem Fleisch, Wurst, Kohl oder Hülsenfrüchten ideal.
Muskat gibt scharf-blumiges Aroma für Suppen mit Spargel, Blumenkohl und Spinat. Nehmen Sie nur eine Prise, aber immer frisch gerieben.

Der Löffel Extra-Würze
Aioli – das ist eine intensive Knoblauchmayonnaise, die in Frankreich zur Fischsuppe gereicht wird. Sollten Sie unbedingt auch einmal zu Erbsen- oder Bohnensuppe probieren.
Pesto – die italienische Basilikumsauce mit Pinienkernen und Parmesan ist klassisch zur Minestrone, einer Gemüsesuppe, und zu Pasta. Sie gibt Kartoffel- und Erbsensuppe eine besondere Note.
Sambal Oelek – eine Würzsauce aus Indonesien auf der Basis von Paprikaschoten oder spanischem Pfeffer. Sie wird auch in der chinesischen Küche verwendet und ist höllisch scharf, ½-1 TL reichen aus für ein 4-Personen-Gericht. Ideal für Hühnersuppen. Hervorragend auch für deftige Eintöpfe mit Schweine- oder Lammfleisch.

Suppenwürze mit Asien-Aroma
Sojasauce ist das Allround-Gewürz in asiatischen Küchen. Chilischoten und -saucen sind die Scharfmacher, deshalb sparsam dosieren, um den Gaumen an die Schärfe zu gewöhnen. Zitronengras wird stückweise in Brühe mit gekocht. Es ist aber nicht zum Verzehr geeignet. Frische Korianderblätter verströmen das typische Asien-Aroma. Sie sind durch nichts zu ersetzen. Ingwer nur frisch verwenden. Austern- oder Fischsauce ist zum Abschmecken. Verleiht einen Hauch von Meeresduft.

DAS KLEINE SUPPEN-LEXIKON

Zwei Unaussprechliche: Mulligatawny aus Indien
(sprich: mulligatohni)
Eine Hühnersuppe mit Reis, die ein duftendes Gewürzbouquet von Chili, Ingwer, Koriander, Kreuzkümmel und Nelken enthält. Im Originalrezept wird Quark oder Joghurt zusammen mit Hühnerteilen, Zwiebeln und Knoblauch angebraten, bevor Wasser dazukommt. Die einfache Version wird mit Curry gewürzt und mit Kokosmilch oder Sahne gebunden.

Vichyssoise aus Frankreich
(sprich: wieschiswas)
Fleischbrühe, Kartoffeln und Porree sind Grundlage für eine pürierte Suppe, die mit Sahne verfeinert wird. Sie wird kalt gereicht.

Zwei unter falschem Namen: Ostfriesische Bohnensuppe
Einem Brauch zufolge wird bei Bekanntwerden einer Schwangerschaft von Verwandten ein kleines Fäßchen mit Branntwein, reichlich Kluntjes und Rosinen angesetzt. Die Mischung kann dann in Ruhe bis zur Geburt durchziehen. Bei der Begrüßung des neuen Erdenbürgers wird dann „die hochprozentige Suppe ausgelöffelt".

Zuppa inglese
heißt übersetzt englische Suppe, ist aber eine köstliche, italienische Süßspeise. Sie besteht aus einer dicken Zitronen-Eigelb-Creme mit kandierten Früchten. Die Creme wird mit in Rum oder italienischem Kräuterlikör getränktem Biskuit in eine Form geschichtet und gut gekühlt. Anschließend gestürzt, mit Baiser umhüllt und kurz überbacken.

1.

AUFTAKT
ZU EINEM MENÜ

FEINE SUPPEN

Beginnen möchte ich mit den kleinen, delikaten Süppchen. Ob samtig-zart, würzig-cremig, prickelnd-sahnig oder aromastark und klar, sie machen nicht nur Appetit als Vorspeise, sie sind einfach unschlagbar für eine kleine Mittagsmahlzeit oder als ein etwas anderes Abendbrot.
Lassen Sie sich verführen und Ihre Suppenträume wahr werden. Überraschen Sie am nächsten Sonntag Familie oder Freunde mit einer kräftigen Spargelbouillon. Der „klare" Beweis, daß simples Kochen zu kulinarischen Ehren führt.

Rezept auf der nächsten Seite

MONDSCHEIN-ROMANTIK

SPARGELBOUILLON
MIT EIERSTICH
(4 Personen)

2 Eier
⅛ l Milch
Salz, Pfeffer
250 g grüner Spargel
4 Kardamomkapseln
2 Tomaten
¾ l klare Fleischbrühe
1-2 EL Gin
einige Basilikumblättchen

Die Eier verschlagen und mit der Milch verrühren. Mit Salz und Pfeffer würzen. Eiermilch in eine gebutterte große Tasse geben und mit Alufolie abdecken. Im heißen Wasserbad bei schwacher Hitze etwa 45 Minuten stocken lassen.
Den Spargel waschen. Das untere Drittel der Spargelstangen schälen und die Enden großzügig abschneiden. Spargelstangen halbieren und in Stücke schneiden. ¼ l Wasser aufkochen, etwas Salz und Kardamom zufügen. Spargel 5 Minuten darin kochen. Abgießen und das Spargelwasser auffangen.
Die Tomaten kreuzweise einritzen, mit kochendem Wasser überbrühen und kalt abschrecken. Die Tomaten häuten, halbieren und entkernen. Mit einem Apfelausstecher kleine Kreise aus dem Tomatenfruchtfleisch ausstechen.
Den Eierstich auf ein Brett stürzen und in Scheiben schneiden. Halbmonde ausstechen.
Fleischbrühe mit dem Spargelwasser aufkochen. Mit Salz, Pfeffer und Gin abschmecken. Tomaten, Spargel und Eierstich auf Suppenteller verteilen und die heiße Brühe einfüllen. Mit Basilikum garniert servieren.

BLANKER HANS

In meiner Heimat an der Nordseeküste war das Leben der Menschen seit jeher vom Meer geprägt.
„Das Meer gibt und nimmt“, heißt es im Volksmund. Für das Meer hatte man einen menschlichen Namen erfunden: Blanker Hans.
Aufgewühlt und zornig kann er sein, wenn er gegen die Deiche donnert. Früher hieß es: „Trutz, blanker Hans!“, wenn es galt, dem tobenden Meer entgegenzutreten.
Auf der anderen Seite gibt er sich friedlich und romantisch und weckt mit seiner glatten, blanken Oberfläche, auf der die Sonnenstrahlen tanzen, Fernweh und die Lust auf einen Segeltörn oder eine Schiffsreise. Wenn ich zu einem Menü einlade, freuen sich meine Gäste auf den Blanken Hans, meine Klare Ochsenschwanzsuppe vorweg, die ich wegen ihrer glatten Oberfläche so getauft habe.

BLANKER HANS

KLARE OCHSENSCHWANZSUPPE
(4 Personen)

1 kg Ochsenschwanz
(vom Metzger
in Stücke teilen lassen)
1 Zwiebel
1 Knoblauchzehe
1 Möhre
2 EL Butter
1 Lorbeerblatt
4 Pfefferkörner
½ l trockener Weißwein
1 Prise Muskatnuß
Salz
Cayennepfeffer
1-2 Gläschen trockener Sherry

Den Ochsenschwanz abspülen. Die Zwiebel und den Knoblauch pellen und würfeln. Die Möhre schälen und kleinschneiden.
Die Butter in einem großen Suppentopf erhitzen. Zwiebeln, Knoblauch, Möhrenstücke und Lorbeerblatt darin andünsten. Fleisch und Pfefferkörner zugeben. 1 l Wasser und den Wein angießen. Aufkochen lassen und abschäumen. Die Suppe ohne Deckel 2 - 2½ Stunden bei schwacher Hitze leise ziehen lassen, dabei ab und zu abschäumen.
Die Ochsenschwanzsuppe durch ein feines Sieb in einen zweiten Topf gießen. Das Fett abschöpfen. Mit Muskat, Salz, Cayennepfeffer und Sherry abschmecken. Das Fleisch vom Knochen lösen, kleinschneiden und in die Suppe geben.

MEIN TIP
Wein gibt der Suppe ein feines Aroma. Statt Weißwein und Sherry können Sie die Suppe auch mit einem kräftigen Rotwein kochen, zum Abschmecken nehmen Sie dann Madeira oder Portwein.

SCHMUGGLER-SUPPE

FRÜHLINGSSUPPE
MIT BLÄTTERTEIGHAUBE
(4 Personen)

4 Scheiben Blätterteig (tiefgekühlt)
250 g Kartoffeln
250 g Möhren
1 Bund Frühlingszwiebeln
200 g Champignons
1 doppeltes Hähnchenbrustfilet (300 g)
Salz, Pfeffer
2 EL Öl
1 l Hühnerbrühe
½ Bund Estragon
1 Ei

Den Blätterteig auftauen lassen.
Kartoffeln und Möhren schälen und waschen. Kartoffeln würfeln, Möhren in Scheiben schneiden. Frühlingszwiebeln putzen, waschen und in Ringe schneiden. Die Champignons waschen, putzen und dann blättrig schneiden. Hähnchenbrust würfeln, salzen und pfeffern.
Das Öl in einem Topf erhitzen. Das Hähnchenfleisch darin goldbraun anbraten. Die Brühe angießen und aufkochen lassen. Kartoffeln, Möhren, Frühlingszwiebeln und Champignons zufügen. Die Suppe zugedeckt etwa 10 Minuten bei schwacher Hitze leise köcheln lassen.
Den Estragon abbrausen, trockenschütteln und die Blättchen von den Stielen zupfen. Die Suppe mit Salz und Pfeffer abschmecken. Estragon hacken und hineingeben. Die Suppe auf vier feuerfeste Suppentassen verteilen.

Den Backofen auf 200° C vorheizen. Blätterteigscheiben einzeln etwas ausrollen. Eine weitere Suppentasse umgedreht jeweils auf eine Blätterteigscheibe setzen. Den Teig etwas größer als der Tassendurchmesser ausschneiden. Das Ei verquirlen. Die Ränder der Suppentassen damit bepinseln und eine Blätterteigscheibe darauf legen, den Rand etwas überhängen lassen und andrücken. Den Teig mit dem restlichen Ei bepinseln. Die Suppentassen auf ein mit Wasser abgespültes Backblech setzen und den Teig 12-15 Minuten backen.

AM GAUMEN GEPACKT

STEINPILZ-CONSOMMÉ
(4 Personen)

20 g getrocknete Steinpilze
1 Zwiebel
3 EL Butter
½ l Hühnerbrühe
50 g Wildreis
Salz
4 Steinpilze
(ersatzweise Champignons)
Pfeffer
½ Bund Schnittlauch

Getrocknete Steinpilze unter kaltem Wasser abspülen. 30 Minuten in ½ l lauwarmem Wasser einweichen.
Zwiebel pellen und würfeln. 2 EL Butter in einem Topf erhitzen. Zwiebeln darin glasig dünsten. Mit Steinpilzwasser und Brühe ablöschen. 15 Minuten zugedeckt leise köcheln lassen.
Wildreis in leicht gesalzenem Wasser etwa 20 Minuten garen. Die frischen Steinpilze mit einem Tuch abreiben, putzen und in Scheiben schneiden. In der restlichen Butter nur kurz von beiden Seiten anbraten. Die Pilze mit Salz und Pfeffer würzen.
Den Schnittlauch abbrausen, trockenschütteln und dann in feine Röllchen schneiden.
Die Brühe durchsieben und mit Salz und Pfeffer abschmecken. Den Wildreis abgießen und abtropfen lassen. Wildreis und Steinpilze in vorgewärmte Suppentassen geben und die Brühe einfüllen. Mit Schnittlauch bestreut servieren.

MEIN TIP
Die getrockneten, gekochten Steinpilze können Sie noch gut verwenden. Ich rühre sie kleingeschnitten unter Reis oder gebe sie an einen Eintopf. Mit dem edlen Pilzaroma können Sie Ihre Alltagsküche vorzüglich veredeln.

AM GAUMEN GEPACKT
In Frankreichs Provence gibt es eine Redewendung: „Sie hat ihn am Gaumen gepackt." Jeder weiß, daß sich Klima, Luft und Ambiente auf wunderbare Weise mit Speisen und Wein verbinden und zu einem harmonischen Ganzen verschmelzen. Und das macht ihr Aroma einzigartig. Wer die Kochkünste der Provence kennt, dem leuchtet diese Redensart sofort ein.

ES MUSS JA NICHT IMMER AM PO SEIN

GORGONZOLA-CREMESUPPE
(4 Personen)

2 EL Butter
2 EL Mehl
800 ml klare Fleischbrühe
200 g Gorgonzola
250 g Schlagsahne
Salz, Pfeffer
1 Prise Muskatnuß
etwas Cognac
1 Bund Schnittlauch

Die Butter in einem Topf erhitzen. Mehl darin unter Rühren hellgelb anschwitzen. Mit Brühe ablöschen. Die Suppe mit einem Schneebesen kräftig durchrühren, damit sich keine Klümpchen bilden und 5 Minuten leise köcheln lassen.
Den Gorgonzola zerbröckeln und mit der Sahne verrühren. Die Käsecreme in die Suppe einrühren. Nochmals erhitzen, aber nicht mehr kochen lassen. Mit Salz, Pfeffer, Muskat und Cognac abschmecken. Schnittlauch abbrausen, trockenschütteln und in feine Röllchen schneiden. Die Suppe mit Schnittlauch bestreut servieren.

MEIN TIP
Haben Sie von der Suppe noch etwas übrigbehalten? Den Rest können Sie am nächsten Tag mit Eiern verquirlen und mit Gemüse und Nudeln mischen. In eine Auflaufform geben, mit geriebenem Käse bestreuen und überbacken.

ES MUSS JA NICHT IMMER AM PO SEIN

Gorgonzola ist der klassische, italienische Blauschimmelkäse, der schon seit langem seinen Siegeszug durch die ganze Welt angetreten hat. Der Name kommt von der gleichnamigen Stadt Gorgonzola nordöstlich von Mailand in der Poebene.
Als Gorgonzola dolce ist er mild-sahnig, mit zunehmender Reife wird daraus Gorgonzola piccante, der schärfer und bröckeliger ist.
Gorgonzola ist nicht nur für meine cremige Suppe ideal, er verleiht mit seinem pikanten Aroma Saucen, Pasta, Eierspeisen und Gemüse eine besondere Note.
Erlauben Sie mir hier deshalb ein kleines Wortspiel:
„Er schmeckt nicht nur am Po, sondern auch anderswo!“

DA LACHT DER MAHARADSCHA

Bei einer Reise durch Indien entdeckte ich die ungewöhnlichste aller Schulen: Eine Lachschule!
Humor kann man nicht erlernen, das war mir schon immer klar, aber lautes Lachen schon eher.
Der Lehrer stellt sich mit seinen Schülern im Kreise auf, und nach Lockerungsübungen wird möglichst laut gelacht.
Das löst Verkrampfungen, ist gut für die Atemorgane und baut Streß ab.
Es stimmt, ich habe es selbst probiert –
Sie sollten es auch tun!

DA LACHT DER MAHARADSCHA

APFEL-CURRY-CREMESUPPE
(4 Personen)

4 große Äpfel, z. B. Boskoop
2 Zwiebeln
1 Knoblauchzehe
1 walnußgroßes Stück Ingwerwurzel
3 EL Butter
3 EL Curry
1 l Hühnerbrühe
Salz, Pfeffer
1 Prise Muskatnuß
Saft von 1 Zitrone
Zitronenmelisse zum Garnieren

Drei Äpfel waschen, vierteln, schälen und das Kerngehäuse herausschneiden. Zwiebeln und Knoblauch pellen, die Ingwerwurzel schälen. Äpfel, Zwiebeln und Ingwer fein würfeln.
Zwei Eßlöffel Butter in einem hohen Topf erhitzen. Äpfel, Zwiebeln und Ingwer darin andünsten, den Knoblauch dazupressen. Curry zufügen und unter Rühren kurz anschwitzen. Die Brühe angießen und aufkochen. Die Suppe zugedeckt 15 Minuten leise köcheln lassen.
Die Apfel-Curry-Suppe im Topf mit einem Schneidstab pürieren. Mit Salz, Pfeffer, Muskat und Zitronensaft abschmecken.
Restlichen Apfel waschen, vierteln und entkernen. Die Apfelviertel in Spalten schneiden und mit dem restlichen Zitronensaft beträufeln. Die restliche Butter erhitzen und die Apfelspalten darin kurz andünsten. Die Suppe mit Apfelspalten anrichten und mit Zitronenmelisseblättchen garnieren.

MEIN TIP
Für einen festlichen Anlaß geben Sie die Suppe in Suppentassen oder tiefe Teller. Setzen einen Klecks Crème fraîche darauf und ziehen die Crème fraîche mit einem Holzstäbchen linienförmig nach außen, dadurch entsteht ein blütenähnliches zartes „Bild“ auf der Suppe.

EISBERG IN SICHT

SPARGELCREMESUPPE
MIT SAHNEHAUBE
(4 Personen)

500 g weißer Spargel
Salz
½ TL Zucker
4 EL Butter
3 EL Mehl
2 Eigelb
Pfeffer
½ TL abgeriebene Zitronenschale (unbehandelt)
1-2 TL Zitronensaft
125 g Schlagsahne
Dill zum Garnieren

Den Spargel schälen, Enden abschneiden, die Spargelstangen in Stücke schneiden.
1 l Wasser mit 1 TL Salz und Zucker aufkochen. Die Spargelschalen hineingeben und 10 Minuten kochen. Durch ein Sieb in einen zweiten Topf gießen. Die Spargelstücke in das Spargelwasser geben und etwa 8 Minuten garen. Spargelstücke mit einer Schaumkelle herausnehmen.
Die Butter in einen Topf geben und erhitzen. Mehl darin goldgelb anschwitzen. Unter ständigem Rühren das Spargelwasser angießen. Die Suppe 5 Minuten leise köcheln lassen.
Das Eigelb in einer Tasse mit etwas heißer Suppe verquirlen und die Suppe damit legieren. Mit Salz, Pfeffer, Zitronenschale und -saft abschmecken. Die Spargelstücke in die Suppe geben.
Die Sahne steif schlagen. Die Suppe in Suppentassen füllen und mit Sahne und Dill garniert servieren.

MEIN TIP
Vor dem Einfüllen der Suppe einen Hauch Muskatnuß in die Suppentassen reiben. So entfaltet sich das blumige Aroma der Muskatnuß am besten.

SILVESTERRAKETE

PRICKELNDE GEMÜSESUPPE
(4 Personen)

1 Zwiebel
2 Möhren
3 EL Butter
¾ l klare Fleischbrühe
4 Stiele Bohnenkraut
½ Bund Estragon
300 g Erbsen (tiefgekühlt)
Salz, Pfeffer
150 g Nordseekrabbenfleisch
100 ml Weißwein
125 g Schlagsahne
100 ml Sekt

Zwiebel pellen und würfeln. Die Möhren schälen, waschen und in kleine Stücke schneiden.
Butter in einem hohen Topf erhitzen. Zwiebeln und Möhren darin andünsten. Brühe angießen und aufkochen. Kräuter abbrausen, trockenschütteln und die Blättchen fein schneiden. Kräuter und Erbsen in die Brühe geben und zugedeckt 30 Minuten leise köcheln lassen.
Die Suppe mit einem Schneidstab pürieren. Mit Salz und Pfeffer abschmecken.
Krabben, Weißwein und Schlagsahne zugeben und unterrühren. Die Suppe einmal kurz aufkochen lassen. Erst kurz vor dem Servieren den Sekt angießen, dann nicht mehr kochen lassen.

MEIN TIP
Besonders fein und cremig wird die Suppe, wenn Sie sie nach dem Pürieren durch ein Sieb streichen.

MAZEL TOV, URI!
Topfgucken war eine meiner größten Leidenschaften, wenn ich um die Welt reiste. Dabei lernte ich von Profis, ebenso wie von Hobbyköchen. Einer von ihnen war Uri Jeremias aus Naharyia in Israel. Er ist ein genialer Künstler am Herd und ein wahrer Improvisator. Fehlt eine Zutat für ein Gericht, wird sie mutig durch etwas anderes ersetzt: Eine ganz neue und oft bessere Köstlichkeit ist geboren! Er bevorzugte dabei natürlich besonders die exotischen Früchte und Fische seines Landes. Ich zählte zu der „Gemeinde“ seiner Stammgäste und bedaure es sehr, daß er nicht mehr da ist, denn es war immer ein besonderes Erlebnis in seinem Restaurant am Strand zu essen. Er muß ein neues Restaurant finden, dabei viel Glück, Uri! Mazel tov!

MAZEL TOV, URI!

AVOCADOSUPPE
(4 Personen)

½ l Gemüsebrühe
200 g Schlagsahne
2 reife Avocados
100 g Sahnejoghurt
5-6 EL Weißwein
1-2 TL Zitronensaft
Salz, Pfeffer
1 Prise Zucker

Die Brühe mit der Sahne in einen hohen Topf geben und aufkochen. Topf von der Kochstelle nehmen.
Die Avocados halbieren, den Kern herauslösen und das Fruchtfleisch mit einem Eßlöffel herauslösen. Einige Scheiben zum Garnieren abschneiden. Avocadofruchtfleisch kleinschneiden und in die Suppe geben. Die Suppe mit einem Schneidstab pürieren. Joghurt einrühren und erhitzen, aber dann nicht mehr kochen lassen, die Suppe wird sonst bitter.
Mit Weißwein, Zitronensaft, Salz, Pfeffer und etwas Zucker abschmekken. Die Suppe mit Avocadoscheiben garniert servieren.

MEIN TIP
Reife Avocados müssen auf Druck leicht nachgeben. Sind sie noch hart, in Zeitungspapier wickeln und 1-2 Tage an einen warmen Ort legen.

BINGO

SOMMERLICHE ERBSENSUPPE
MIT KÄSEWÜRFELCHEN
(4 Personen)

1 Zwiebel
2 EL Butter
450 g Erbsen (tiefgekühlt)
1 l Gemüsebrühe
125 g Schlagsahne
abgeriebene Schale und
Saft von 1 Limette
Salz, Pfeffer
½ Bund Zitronenmelisse
250 g Butterkäse
etwas Mehl
1 Ei
50 g Semmelbrösel
250 g Butterschmalz

Die Zwiebel pellen und würfeln. Die Butter in einem hohen Topf erhitzen und die Zwiebeln darin andünsten. Die Erbsen zufügen und 5 Minuten mit dünsten. Die Gemüsebrühe angießen und zugedeckt 30 Minuten köcheln lassen.
Die Suppe mit einem Schneidstab pürieren. Die Sahne einrühren und aufkochen. Die Suppe mit Limettenschale und -saft sowie Salz und Pfeffer abschmecken. Die Zitronenmelisse abbrausen, trockenschütteln und fein hacken. Zum Schluß in die Suppe einrühren.
Butterkäse in kleine Würfel schneiden und nacheinander in Mehl, verquirltem Ei und Semmelbröseln wenden. Butterschmalz erhitzen und die Käsewürfel darin knusprig-goldbraun fritieren. Die Suppe in Teller füllen und mit den Käsewürfeln garniert anrichten.

BINGO

Bingo ist ein Glücksspiel, bei dem es gilt, eine gewisse Zahlenkombination zu erreichen. Wer im Bingo-Fieber ist, trifft sich in Clubs oder Gaststätten und läßt kein Spiel aus. Mit dem Ruf „Bingo“ signalisiert der Spieler, daß er die genannten Zahlen auf seiner Vorlage hat. Aus Amerika und England schwappte irgendwann die Bingo-Welle zu uns herüber, und das Spiel wurde populär. Und gleichzeitig wurde das Wort zu einer Bezeichnung, wenn einer etwas richtig gesagt oder gemacht hat. „Bingo“, werden Sie hoffentlich auch bei dieser Suppe rufen.

TRÄUME IN DER HÄNGEMATTE

KRÄUTERSUPPE
(4 Personen)

2 Kartoffeln
1 Zwiebel
1 Knoblauchzehe
2 EL Butter
1 l Gemüsebrühe
1 Bund Petersilie
½ Bund Estragon
100 g Schlagsahne
2 EL Basilikumpesto
Salz, Pfeffer
1 Bund Schnittlauch

Die Kartoffeln schälen, waschen und in Würfel schneiden. Zwiebel und die Knoblauchzehe pellen und würfeln.
Die Butter in einem Topf erhitzen. Zwiebeln und Knoblauch darin andünsten. Kartoffeln zufügen und die Brühe angießen. Deckel auflegen und 15 Minuten kochen lassen.
Kräuter abbrausen, trockenschütteln und grob hacken. Die Suppe mit den Kräutern in einem Mixer pürieren. Zurück in den Topf geben.
Die Schlagsahne angießen und den Basilikumpesto einrühren. Mit Salz und Pfeffer abschmecken. Die Suppe erhitzen, aber nicht kochen lassen.
Den Schnittlauch abbrausen, trockenschütteln und in feine Röllchen schneiden. Die Suppe mit Schnittlauch bestreut servieren.

MEIN TIP
Die Schlagsahne halb steif schlagen und kurz vor dem Servieren mit einem Schneebesen unter die Suppe ziehen. Die Suppe erhält damit eine samtig-lockere Konsistenz.

DAS HAUT DOCH EINEN SEEMANN NICHT GLEICH UM

Der Komponist Friedrich-Wilhelm Rust war ein begeisterter Segler. Vor allen Dingen bei Lieferschwierigkeiten von Kompositionen, auch „Ideenebbe“ genannt, flüchtete er auf sein Boot und war verschwunden. Bei solch einem Törn outete er sich in einer Kneipe eines Fischerhafens und erzählte bei Bier und Korn von seinen Sorgen. Ein Fischer haute ihm auf die Schulter und sagte: „Du mußt auch nicht so viel grübeln, schreib doch mal sowas wie ‚Das haut doch einen Seemann nicht gleich um‘.“ Rust ging ein Licht auf, und mit einem Evergreen in seinem Zampelbüdel kam er nach Hause.

DAS HAUT DOCH EINEN SEEMANN NICHT GLEICH UM

BROKKOLISUPPE
(4 Personen)

500 g Brokkoli
¾ l Gemüsebrühe
2 Scheiben Toastbrot
2 Knoblauchzehen
Salz, Pfeffer
125 g Crème fraîche
2 EL Butter

Brokkoli abspülen und in Röschen teilen. Die dicken Stiele schälen und würfeln.
Die Brühe in einem hohen Topf erhitzen. Den Brokkoli hineingeben und zugedeckt 10 Minuten garen.
Inzwischen die Toastbrotscheiben würfeln. Knoblauch pellen.
Einige Brokkoliröschen mit einer Schaumkelle aus der Suppe nehmen. Die Suppe dann im Topf mit einem Schneidstab pürieren. Mit Salz und Pfeffer abschmecken. Crème fraîche einrühren.
Die Butter in einer Pfanne erhitzen. Den Knoblauch hineinpressen und die Toastbrotwürfel darin goldgelb braten.
Die Suppe mit Brokkoliröschen und Knoblauch-Croûtons anrichten.

MEIN TIP
Statt Brokkoli können Sie auch Blumenkohl oder Romanesco nehmen. Die Garzeit erhöht sich dann um etwa 5 Minuten.

2.

REGIONALE
SPEZIALITÄTEN

DEFTIGE SUPPEN UND EINTÖPFE

Jetzt wird Dampf gemacht, und die gute, alte Hausmannskost kommt auf den Tisch. Das schmeckt wie bei Muttern! Jeder freut sich auf eine paprikascharfe Gulaschsuppe, einen kräftigen Linseneintopf mit Mettenden oder einen Kartoffel-Fleisch-Eintopf, der sich unter einer knusprigen Brotkruste versteckt. Nicht nur die Spitzengastronomie besinnt sich auf regionale Spezialitäten, wer sie zu Hause selber kocht, kann Löffel für Löffel doppelt genießen.

Rezept auf der nächsten Seite

HANS ALBERS' FAVORIT

Wenn Hans Albers in Hamburg einen neuen Film drehte, tauchte er garantiert eines Abends auf der Reeperbahn auf. Der Zug durch die Gemeinde, wie man so schön sagt, dauerte natürlich bis zum Morgengrauen. Die fröhliche Zechtour endete regelmäßig in einer Kneipe in der Seilerstraße, wo es seinen Lieblingseintopf gab, der den Magen wieder gnädig stimmte.

HANS ALBERS' FAVORIT

LINSENEINTOPF
(6 Personen)

50 g geräucherter, durchwachsener Speck
3 Zwiebeln
1 Bund Suppengrün
250 g Linsen
gut 1½ l klare Fleischbrühe
150 g Kartoffeln
4 Paar Mettenden oder Kochwürste
Salz, Cayennepfeffer
3-4 EL Essig
1-2 TL Zucker
1-2 TL mittelscharfer Senf
1 Bund Petersilie

Den Speck würfeln. Zwiebeln pellen und würfeln. Suppengrün putzen, waschen und fein schneiden.
Den Speck in einem großen Topf anbraten. Die Zwiebeln zugeben und goldgelb rösten. Suppengrün und Linsen zufügen.
Die Brühe angießen und aufkochen lassen. Abschäumen und zugedeckt bei schwacher Hitze gut 1 Stunde garen, dabei ab und zu umrühren. Eventuell noch etwas Brühe angießen. Kartoffeln schälen, waschen und würfeln. 30 Minuten vor Ende der Garzeit Kartoffeln und Mettenden in den Topf geben.
Die Linsen mit Salz, Cayennepfeffer, Essig, Zucker und Senf abschmekken. Petersilie abbrausen, trockenschütteln, fein schneiden und über den Linseneintopf streuen.

MEIN TIP
Besonders fein zum Abschmecken sind Rotwein- oder Balsamessig.

LOTSE AHOI

GERSTENSUPPE
(4 Personen)

750 g Hochrippe
125 g Räucherschinken
150 g Gerste
100 g weiße, getrocknete Bohnen
2 EL gekörnte Fleischbrühe
1 kleiner Kopf Weißkohl
4 Kartoffeln
2 Möhren
Salz, Pfeffer
2-3 TL geriebener Meerrettich aus dem Glas
1 EL Mehl
6 EL Schlagsahne
1 Bund Petersilie

Fleisch, Schinken, Gerste und Bohnen in einen großen Topf geben. 2 l Wasser angießen und die gekörnte Brühe zufügen. Alles zum Kochen bringen. Abschäumen und zugedeckt etwa 2 Stunden leise köcheln lassen.
Weißkohl putzen, kleinschneiden, waschen und gut abtropfen lassen. Kartoffeln und Möhren schälen, waschen und würfeln. Fleisch und Räucherschinken aus der Brühe nehmen. Weißkohl, Kartoffeln und Möhren hineingeben. Deckel auflegen und 30-40 Minuten kochen lassen. Erst in den letzten 10 Minuten der Garzeit den Porree zufügen.
Fleisch und Schinken würfeln und zurück in die Suppe geben. Mit Salz, Pfeffer und geriebenem Meerrettich abschmecken. Mehl mit Schlagsahne verquirlen und zum Binden in die Suppe einrühren. Unter Rühren aufkochen lassen.
Die Petersilie abbrausen, trockenschütteln und hacken. Kurz vor dem Servieren unter die Suppe mischen.

WENN HIER EEN POTT MIT BOHNEN STEIHT

BOHNENSUPPE
(4 Personen)

500 g grüne Bohnen
50 g durchwachsener, geräucherter Speck
2 Zwiebeln
1 EL ÖL
1 TL Paprika (edelsüß)
1½ l klare Fleischbrühe
1 Bund Bohnenkraut
300 g dicke Bohnen (tiefgekühlt)
Salz, Pfeffer
4 Wiener Würstchen

Die grünen Bohnen waschen, putzen und in kleine Stücke schneiden. Speck würfeln. Zwiebeln pellen und würfeln.
Das Öl in einem Topf erhitzen und den Speck darin knusprig anbraten. Die Zwiebeln zufügen und glasig dünsten. Paprikapulver einstreuen und anschwitzen. Bohnen und klare Brühe zugeben. Das Bohnenkraut abspülen und zufügen. Deckel auflegen und etwa 10 Minuten garen.
Die dicken Bohnen zufügen und weitere 10 Minuten köcheln lassen. Die Suppe mit Salz und Pfeffer abschmecken.
Die Würstchen 5-10 Minuten in der Suppe heiß werden lassen.

MEIN TIP
Wer die Suppe gehaltvoller haben möchte, gart vier kleingeschnittene Kartoffeln mit. Oder Sie geben eine Tasse gekochten Reis in die Suppe.

WENN HIER EEN POTT MIT BOHNEN STEIHT

Wenn hier een Pott mit Bohnen steiht,
un dor een Pott mit Brie,
denn lot ik'n Pott mit Bohnen stahn
un danz mit mien Marie.
Marie, Marie, Maruschkaka,
Marie, Marie, Marie.
Un wenn Marie nich danzen will,
denn hett se scheefe Been,
denn treck doch lange Röcke an,
denn is dat nich to sehn!
Marie, Marie, Maruschkaka,
Marie, Marie, Marie.

ZWEI HERZEN AM PIER

HOCHZEITSSUPPE
(6-8 Personen)

2 Bund Suppengrün
1,5 kg magere Rinderbrust
2 EL gekörnte Brühe
2 Lorbeerblätter
10 Pfefferkörner
Salz, Pfeffer
125 g Rosinen
1 altbackenes Brötchen
1 Zwiebel
2 TL Butter
500 g Rinderhackfleisch
1 Ei
250 g Langkornreis
gehackte Petersilie

Das Suppengrün putzen, waschen und grob zerkleinern. Zusammen mit Rinderbrust, gekörnter Brühe, Lorbeerblättern und Pfefferkörnern in einen Suppentopf geben. 3 l kaltes Wasser angießen und aufkochen. Abschäumen und bei geringer Hitze im offenen Topf 2-3 Stunden leise köcheln lassen.
Die Brühe durchsieben. Das Fleisch in die Brühe geben und über Nacht kühl stellen. Am nächsten Tag die Brühe entfetten. Die Brühe mit Salz und Pfeffer abschmecken. Fleisch in der Brühe langsam erhitzen.
Rosinen in heißem Wasser einweichen. Das Brötchen zum Aufquellen in Wasser legen. Zwiebel pellen und fein würfeln. Butter erhitzen und die Zwiebeln darin glasig dünsten. Brötchen ausdrücken, zusammen mit Hackfleisch, Zwiebeln, Ei, Salz und Pfeffer zu einem glatten Teig verkneten. Mit angefeuchteten Händen kleine Klößchen formen und in leicht gesalzenem Wasser 5 Minuten gar ziehen lassen. Die Klößchen warm stellen.
Den Reis in ½ l leicht gesalzenem Wasser etwa 20 Minuten garen. Die Rosinen abgießen. Unter den Reis mischen und darin kurz erhitzen.
Das Fleisch aus der Brühe nehmen und würfeln.
Die Fleischbrühe in eine vorgewärmte Terrine gießen. Die anderen Zutaten (Fleisch, Hackklößchen, Reis) in separaten Schüsseln anrichten und mit gehackter Petersilie bestreuen.
Bei Tisch nimmt sich jeder von den verschiedenen Zutaten auf den Teller und gießt zum Schluß die heiße Brühe darüber.

ZWEI HERZEN AM PIER

Die Hochzeitsfeier ist für die meisten ein Familienfest mit guten Freunden und Bekannten. Es gibt aber auch ländliche Gegenden in Deutschland, in denen folgende alte Tradition gepflegt wird: In einer Zeitungsanzeige, die die Hochzeit ankündigt, werden alle Leute eingeladen, die Lust haben mitzufeiern. Sie zahlen allerdings einen Unkostenbeitrag, der mithilft, die Kosten der Feier zu begleichen. Das Geld wird in einen verschlossenen Umschlag gesteckt, so daß die Geizigen nicht bloßgestellt werden, großzügige Spender bleiben aber leider auch unerkannt. Sollte von dem Betrag noch etwas übrigbleiben, kommt es der Aussteuer zugute.

MUNTERMACHER

WÜRZIGER HACKEINTOPF
(6 Personen)

50 g Schinkenspeck
2 EL Öl
2 große Zwiebeln
2 Knoblauchzehen
250 g gemischtes Hackfleisch
250 g Sauerkraut
300 g passierte Tomaten aus der Packung
600 ml klare Fleischbrühe
1 TL Paprika (edelsüß)
½ TL Kümmel
1 EL Chilipulver
Salz, Pfeffer
1 Prise Zucker
1 Gewürzgurke
1 Glas Gin
125 g Crème fraîche
1 Bund Schnittlauch

Den Schinkenspeck würfeln. Öl in einem großen Topf erhitzen und den Speck darin knusprig auslassen. Die Zwiebeln und den Knoblauch pellen und würfeln. Hackfleisch zum Speck geben und krümelig anbraten. Zwiebeln und Knoblauch zufügen und mitschmoren. Das Sauerkraut zerpflücken und mit einer Küchenschere fein schneiden. Zugeben und einige Minuten mit schmoren. Die passierten Tomaten und die Brühe einrühren und die Gewürze zugeben. Zugedeckt 30 Minuten kochen.
Mit Salz, Pfeffer und 1 Prise Zucker abschmecken. Die Gewürzgurke fein würfeln und zusammen mit Gin und Crème fraîche unterrühren.
Schnittlauch abbrausen, trockenschütteln und in Röllchen schneiden. Über den Hackeintopf streuen.

MUNTERMACHER

Kreative Menschen arbeiten anders als andere. Wenn der Komponist Fips Kämpfert, bekannt durch seinen Hit „Fremde in der Nacht", und der Texter Ernst Bader, der uns „Tulpen aus Amsterdam" überreichte, ein neues Werk schrieben, trafen sie sich gegen Abend, hatten sich aber erst einmal wahnsinnig viel zu erzählen. Nach etwa zwei Stunden besann man sich auf den eigentlichen Grund des Treffens, und daß am nächsten Morgen das Werk abgeliefert werden sollte. Noch aber fehlte die zündende Idee.
Man versuchte es mit ein paar anregenden Getränken, setzte sich ans Klavier, und plötzlich war ein Melodiefetzen oder eine Textzeile da.
Es wurde weitergesponnen, vieles verworfen und geändert, und nach einiger Zeit war der „Hit" fertig. Dann kam regelmäßig der Ruf: „Marion, wo bleibt der Muntermacher?". Gemeint war meine köstliche Mitternachtssuppe, die aber auch allen Nichtkreativen hervorragend schmeckt.

STÜÜRMANNS KRAFTPAKET

SAUERKRAUTEINTOPF
(4 Personen)

500 g Schweinefleisch aus der Keule
50 g durchwachsener, geräucherter Speck
4 Zwiebeln
2 EL Schweineschmalz
1 EL Paprika (edelsüß)
1 TL gemahlener Kümmel
¾ l klare Fleischbrühe
500 g Sauerkraut
1 Lorbeerblatt
125 g saure Sahne
Salz, Pfeffer

Das Fleisch abspülen, trockentupfen und in Würfel schneiden. Den Speck ebenfalls würfeln. Die Zwiebeln pellen und würfeln.
Schweineschmalz in einem großen Topf erhitzen und den Speck darin knusprig anbraten. Fleisch dazugeben und von allen Seiten anbraten. Zwiebeln zufügen und mit schmoren. Das Paprikapulver und den Kümmel zufügen und kurz anschwitzen. ¼ l klare Fleischbrühe angießen und zugedeckt 30 Minuten garen.
Das Sauerkraut zerpflücken, nach Belieben kleinschneiden und mit Lorbeer unter das Fleisch mischen. Restliche Brühe angießen und zugedeckt weitere 45 Minuten garen. Die saure Sahne einrühren und kräftig mit Salz und Pfeffer abschmecken.

MEIN TIP
Für viele muß Sauerkraut tüchtig durchgeschmort sein, sonst schmeckt es nicht. In der modernen Küche setzt man auf kurze Garzeiten, und das gilt auch für Sauerkraut. Nur in den letzten 15 Minuten mit garen. So behält das Kraut seinen frischen Geschmack und zerkocht nicht.

KOBERER-PORTION

Koberer heißen die Portiers auf St. Pauli. Das kommt von kobern, ansprechen, wie es im Nachtjargon heißt. Früher waren die Türsteher der Vergnügungslokale nette, gemütliche Herren, die die Hamburg-Besucher auf witzige Art ansprachen, um sie zum Eintreten zu bewegen. Der Job ist in den letzten Jahren um vieles härter geworden. Heutige Koberer sind meist junge Muskelpakete, die sich im Kraftsport-Studio, auch als Mucki-Bude bezeichnet, fit halten. Mit kugelsicherer Weste machen sie ihren aufregenden Job, und nach Feierabend brauchen sie schon eine doppelte Portion zur Stärkung.

KOBERER-PORTION

BIRNEN, BOHNEN UND SPECK
(4 Personen)

500 g grüne Bohnen
400 g durchwachsener, geräucherter Speck
½ l klare Fleischbrühe
1 Zweig Bohnenkraut
1 EL Zucker
Saft von ½ Zitrone
4 Kochbirnen
1 Bund Petersilie
Salz, Pfeffer

Die grünen Bohnen waschen, putzen und einmal durchbrechen. Zusammen mit dem Speck in einen Topf geben und die Brühe angießen. Bohnenkraut abspülen und zugeben. Zugedeckt etwa 30 Minuten garen.
¼ l Wasser mit Zucker und Zitronensaft aufkochen. Die Birnen schälen, halbieren und das Kerngehäuse entfernen. Die Birnen in dem Zuckerwasser 8-10 Minuten dünsten.
Petersilie abbrausen, trockenschütteln und hacken.
Den Speck in Scheiben schneiden und das Bohnenkraut entfernen. Die Brühe mit Salz und Pfeffer abschmecken.
Speck, Bohnen und Birnen in tiefen Tellern mit der Brühe anrichten. Mit Petersilie bestreut servieren.
Dazu schmecken Salzkartoffeln oder Bratkartoffeln.

MEIN TIP
Speck ist Ihnen zu fett, Kochbirnen nicht immer zu bekommen? Dann empfehle ich Ihnen meine moderne Variante von diesem norddeutschen Traditionsgericht. Statt Speck nehme ich Kasseler. Die Kochbirnen ersetze ich durch aromatische Williams Christ Birnen. ⅓ der gegarten Birnen werden püriert und unter die Bohnen gerührt.

BADENSER BAECKAOFFA

BÄCKEROFEN
(8 Personen)

400 g Zwiebeln
2 Knoblauchzehen
100 g Butter
1,2 kg Kartoffeln, vorwiegend festkochend
800 g Schweineschulter
2 Bund Petersilie
Salz, Pfeffer
frisch geriebene Muskatnuß
½ - ¾ l Weißwein (z. B. Edelzwicker)
500 g Roggenmischbrotteig (fertige Backmischung)
1 Eiweiß

Zwiebeln und Knoblauch pellen und würfeln. Die Butter erhitzen. Zwiebeln und Knoblauch darin bei geringer Hitze goldgelb braten.
Kartoffeln schälen, waschen und in Scheiben schneiden. Das Fleisch in mundgerechte Stücke schneiden.
Die Petersilie abbrausen, trockenschütteln und hacken.
In einen feuerfesten, flachen Topf oder eine Auflaufform Fleisch, Kartoffeln und Zwiebeln einschichten, dabei jede Schicht mit Salz, Pfeffer und Muskat würzen und mit etwas Petersilie bestreuen. Den Weißwein angießen, so daß die Zutaten knapp bedeckt sind.
Den Backofen auf 175° C vorheizen.
Den Brotteig nach Packungsanweisung zubereiten. Teig zu einem Kreis etwas größer als der Durchmesser des Topfes oder der Auflaufform ausrollen. Den Topf- bzw. Formrand mit Eiweiß bepinseln.
Den Teig darüberlegen und am Rand gut andrücken. Im Backofen gut 1½ - 2 Stunden garen.
Sollte der Teig zu dunkel werden, mit Folie abdecken.

MEIN TIP
Mit dem Fleisch können Sie variieren. Statt Schweinefleisch können Sie Rindfleisch mit Lamm und Schwein mischen, oder sich nur für eine Sorte Fleisch entscheiden. Die Garzeit bleibt dabei immer gleich.

BÄCKEROFEN

Baeckaoffa, oder Bäckerofen, heißt dieses Gericht, weil die Badenser Hausfrauen es früher zum Bäcker brachten, der es nach dem Brotbacken zum Garen in den noch heißen Ofen schob. Meist aß man den Bäckerofen am Montag, dem Waschtag, an dem man keine Zeit hatte, sich an den Herd zu stellen.
Am Sonntag konnten die Hausfrauen das Gericht bequem vorbereiten, am Montag mußten die Kinder helfen und den Weg zum Bäcker antreten.

VOR DER GROSSEN FLAUTE

PICHELSTEINER EINTOPF
(4 Personen)

2 Rindermarkknochen
400 g Hochrippe
200 g Lammkeule
200 g Schweinefleisch aus der Keule
3 Zwiebeln
4 Möhren
150 g Sellerieknolle
350 g Kartoffeln, vorwiegend festkochend
2 Stangen Porree
½ kleiner Weißkohl
Salz, Pfeffer
2 TL Kümmel
2 TL getrockneter Majoran
1 Bund Petersilie

Die Rindermarkknochen 10-15 Minuten in kochendem Wasser sieden. Herausnehmen und das Mark herauslösen.
Das Fleisch abspülen, in etwa 3 cm große Würfel schneiden. Die Zwiebeln pellen und würfeln. Möhren, Sellerie und Kartoffeln schälen, waschen und würfeln. Den Porree putzen, waschen und in Ringe schneiden. Weißkohl putzen, in Streifen schneiden und waschen.
Das Rindermark in Scheiben schneiden und einen großen Topf damit auslegen. Fleisch und Gemüse abwechselnd in den Topf einschichten. Jede Schicht mit Salz, Pfeffer, Kümmel und Majoran kräftig würzen. Die letzte Schicht soll Gemüse sein.
Gut ½ l Wasser darübergießen und zugedeckt bei schwacher Hitze 1½ - 2 Stunden leise köcheln lassen, dabei nicht umrühren. Petersilie abbrausen, trockenschütteln und fein hacken. Den Eintopf durchrühren und mit Petersilie bestreuen.

POMMES CARTNEY

Rüdiger Wolff ist ein beliebter TV-Moderator und lieber Kollege. Ich bin in seinen Rundfunksendungen regelmäßiger Gast mit meinen Rezepten und Stories.
Nach den Sendungen stöbern wir immer noch gern in der Hörerpost und suchen nach Kuriosem. Da gibt es Blüten wie die „Kassler Roten Spatzen", gemeint sind die Kastelruther Spatzen, oder es taucht ein Ridscher Roddecker auf, der sich eindeutig als Roger Whitaker identifizieren läßt.
Aber wer ist Pommes Katne? Als im weiteren von dem Titel „Yesterday" die Rede war, war auch klar, daß es sich um den Beatle Paul McCartney handeln mußte.
Mein nächstes Kartoffelgericht mußte ich deshalb einfach Pommes Cartney taufen.

POMMES CARTNEY

KARTOFFELSUPPE
MIT BRATWÜRSTCHEN
(6 Personen)

2 Zwiebeln
2 Porreestangen
1 kg mehligkochende Kartoffeln
1 Bund Petersilie
½ Bund Majoran
(ersatzweise 2 TL getrockneter)
75 g Räucherspeck
2 EL Öl
1¼ l Hühnerbrühe
Salz, Pfeffer
1 Prise geriebene Muskatnuß
100 g Crème fraîche
12 kleine Nürnberger Rostbratwürstchen
1 kleines Baguette
4 Knoblauchzehen
50 g geriebener Emmentaler

Die Zwiebeln pellen und würfeln. Porree putzen, in Ringe schneiden und gründlich waschen. Kartoffeln schälen, waschen und würfeln. Petersilie abbrausen und die Blättchen von den Stielen zupfen. Den Majoran abbrausen. Petersilienstiele und Majoran mit Küchengarn zusammenbinden. Den Speck in Streifen schneiden. 1 EL Öl in einem hohen Topf erhitzen und den Speck darin knusprig auslassen. Zwiebeln und Porree zugeben und ein paar Minuten andünsten. Die Kartoffeln, das Kräuterbund und die Brühe zufügen. Zugedeckt 25 Minuten leise köcheln lassen.
Das Kräuterbund aus der Brühe nehmen. Brühe mit einem Schneidstab grob pürieren, so daß sie noch stückig ist. Mit Salz, Pfeffer und Muskat abschmecken.
Petersilienblättchen hacken und zusammen mit Crème fraîche unterrühren.

Restliches Öl erhitzen und die Rostbratwürstchen darin von allen Seiten knusprig braten. Warm stellen.
Das Baguette in Scheiben schneiden und toasten. Knoblauch pellen und durchpressen. Die Baguettescheiben damit bestreichen und mit Emmentaler bestreuen und unter dem vorgeheizten Grill überbacken.
Die Bratwürstchen auf Holzspieße stecken und zusammen mit der Suppe anrichten.
Die Baguettescheiben extra dazu reichen.

MEIN TIP
Petersilie und Majoran sind klassische Kartoffelsuppen-Kräuter. Haben Sie einmal Lust auf einen anderen Geschmack, dann schmecken Sie die Suppe würzig-scharf mit Knoblauch und Chilisauce ab. Gut passen auch geriebener Meerrettich oder Kapern.

HAUKE HEIN

Bei dieser typisch Schleswig-Holsteiner Suppe habe ich immer ein Bild aus dem Schimmelreiter vor Augen: Die Arbeiter des Deichgrafen Hauke Hein kommen von ihrem schweren Tagwerk nach Hause in ihre kleinen Reetdachkaten, natürlich mit einem Mordshunger. In den Mulden des Eßtisches, die die Teller ersetzten, dampfte die Grünkohlsuppe. Damals mit viel Fett gekocht und für unseren heutigen Geschmack viel zu schwer und mächtig. Ich habe mein Rezept modernisiert, die schlanke Version steht aber geschmacklich dem alten schleswig-holsteinischen Traditionsgericht in nichts nach.

HAUKE HEIN

SCHLESWIG-HOLSTEINER GRÜNKOHLEINTOPF
(4 Personen)

100 g Grützwurst mit Rosinen
2 Zwiebeln
4 Scheiben Toastbrot
1 Bund Schnittlauch
2 EL Butter
1 Ei
Salz, Pfeffer
500 g Grünkohl
2 EL Öl
1¼ l klare Fleischbrühe
200 g Schlagsahne
3 TL mittelscharfer Senf
½ TL gemahlener Koriander
1 Prise Zucker

Die Grützwurst aus der Pelle lösen und würfeln. Zwiebeln pellen und fein würfeln. Die Toastbrotscheiben aufeinander legen und die Rinde abschneiden, Toastbrot würfeln. Schnittlauch abbrausen, trockenschütteln und in feine Röllchen schneiden.
Die Butter in einer Pfanne erhitzen. Grützwurst und die Hälfte der Zwiebeln darin leicht anbraten. Abkühlen lassen. Grützwurstmasse, Toastbrot, Ei und Schnittlauch im Mixer pürieren. Mit Salz und Pfeffer pikant abschmecken. Etwa 30 Minuten ruhen lassen.
Den Grünkohl gründlich waschen, putzen und in leicht gesalzenem Wasser einmal aufkochen lassen. Abgießen und den Grünkohl hacken. 2 EL Öl in einem Topf erhitzen. Restliche Zwiebeln darin goldgelb anbraten. Den Grünkohl zugeben und 5 Minuten andünsten. Danach ¾ l Brühe angießen und zugedeckt 1 Stunde garen. Sahne unterrühren und mit Salz, Pfeffer, Senf, Koriander und Zucker abschmecken. 15 Minuten bei schwacher Hitze ziehen lassen.
Die restliche Brühe aufkochen. Aus der Grützwurstmasse 16 Klöße formen und in der Brühe 4 Minuten leise kochen lassen. Den Topf von der Kochstelle nehmen. Die Klöße noch etwa 7 Minuten gar ziehen lassen. Klöße mit einer Schaumkelle herausnehmen und in den Eintopf geben.

MEIN TIP

Grützwurst ist eine norddeutsche Spezialität, die aus Speck, Schweinefleisch und Hafergrütze besteht. Es gibt sie mit und ohne Rosinen. Für uns im Norden gehören Grünkohl und Grützwurst einfach zusammen. Anstelle der Grützwurst können Sie auch Mettenden nehmen. Und für alle, die auf Kalorien achten: Mit einem Stück geräuchertem Kasseler wird der Grünkohl nicht so mächtig.

FASTMOKER PACKT AN

GELBE ERBSENSUPPE
(4 Personen)

350 g getrocknete, geschälte, gelbe Erbsen
1 Schinkenknochen (vom Fleischer zersägen lassen)
Pfeffer
1 TL getrockneter Majoran
1 Bund Suppengrün
4 Knoblauchwürste (Cabanossi)
Salz
2 Scheiben Weißbrot
1 EL Butter

Die gelben Erbsen über Nacht in einem großen Topf mit 2 l kaltem Wasser einweichen.
Am nächsten Tag die Erbsen im Einweichwasser mit den Schinkenknochen, etwas Pfeffer und Majoran zum Kochen bringen. Die Suppe abschäumen und zugedeckt etwa 1 Stunde kochen lassen.
Das Suppengrün putzen, waschen und kleinschneiden. Zu den Erbsen geben und weitere 45 Minuten kochen.
Die Knoblauchwürste in Scheiben schneiden. Schinkenknochen aus der Suppe nehmen. Fleisch vom Knochen lösen, eventuell kleinschneiden und mit den Wurstscheiben in die Suppe geben. Heiß werden lassen. Die Suppe mit Salz und Pfeffer abschmecken.
Das Weißbrot fein würfeln und in der heißen Butter goldbraun rösten. Die Erbsensuppe mit Brotwürfelchen bestreut servieren.

FASTMOKER PACKT AN

Stolz strahlt aus den Augen der Seeleute, wenn ihnen etwas Tolles gelungen ist, aber sie sagen es nicht. Warum ist eigentlich aus der Mode gekommen, seinen Stolz zu zeigen? Auf drei Dinge sollte man allerdings nicht stolz sein, weil man nämlich nichts dazu beigetragen hat: Ererbter Reichtum, Talent und Adel. Bei letzterem ist es sowieso wie bei den Kartoffeln: Das Beste liegt unter der Erde.

ARPADS PUSZTARITT

GULASCHSUPPE
(4 Personen)

400 g mageres Rindergulasch
200 g Zwiebeln
1 Knoblauchzehe
2 EL Schweineschmalz
4 EL Rosenpaprika (scharf)
1 l klare Fleischbrühe
Salz, Pfeffer
1 Tasse saure Sahne
2 TL Mehl

Das Rindergulasch in kleine Würfel schneiden. Zwiebeln und Knoblauch pellen und würfeln.
Das Schweineschmalz in einem Topf erhitzen und das Fleisch darin anbraten. Die Zwiebeln und den Knoblauch zufügen und mitschmoren. Topf von der Kochstelle nehmen. Temperatur herunterschalten. Paprikapulver unter das Fleisch rühren. Den Topf auf die Kochstelle zurücksetzen und das Paprikapulver kurz anschwitzen. Die Brühe angießen. Mit Salz und Pfeffer würzen und zugedeckt 1 Stunde garen.
Die saure Sahne mit Mehl verquirlen und in die kochende Suppe einrühren. Etwa 5 Minuten leise köcheln lassen. Nochmals abschmecken.

MEIN TIP

Zum Schluß die Suppe mit einem kräftigen Schuß Rotwein verfeinern. Wer möchte, gibt zum Ende der Garzeit noch stückige Tomaten aus der Packung in die Suppe.

3.

RUCKZUCK FERTIG

BLITZ-SUPPEN

Kochen im Eiltempo, so daß der Geschmack nicht auf der Strecke bleibt? Das ist keine Hexerei. Greifen Sie zu Gemüse aus der Tiefkühltruhe und lassen Sie es in Ihrem Topf verschwinden. Dazu noch Brühe, Sahne, Klößchen oder Käse, und Sie haben im Nu eine „vollständige“ Mahlzeit aufgetischt. Neben Tiefkühlgemüse schauen Sie sich nach Convenience-Produkten wie fertigen Fonds, Tortellini und anderen Pasta-produkten oder passierten Tomaten etc. um – das sind die modernen Heinzel-männchen, die Ihnen schnell zur Hand gehen.

Rezept auf der nächsten Seite

DOCKERS JOKER

ERBSEN-CURRY-SUPPE
(4 Personen)

2 Zwiebeln
2 EL Butter
2 TL Curry
1 EL Mehl
¾ l Hühnerbrühe
500 g Erbsen (tiefgekühlt)
Salz, Pfeffer
1 Prise Zucker
einige Tropfen Zitronensaft
1 Bund Petersilie
150 g Crème fraîche

Die Zwiebeln pellen und würfeln. Butter in einem großen Topf erhitzen und die Zwiebeln darin andünsten. Curry und Mehl darüberstreuen und kurz anschwitzen. Die Hälfte der Hühnerbrühe angießen und unter Rühren aufkochen.
300 g tiegekühlte Erbsen in die Suppe geben. Den Deckel auflegen und etwa zugedeckt 20 Minuten garen.
Die Suppe mit einem Schneidstab pürieren. Restliche Brühe zugießen und die restlichen Erbsen hineingeben. Etwa 5 Minuten garen. Die Suppe mit Salz, Pfeffer, Zucker und Zitronensaft abschmecken.
Die Petersilie abbrausen, trockenschütteln und fein schneiden. Die Suppe in Suppentassen füllen und mit gehackter Petersilie bestreuen. Einen Klecks Crème fraîche daraufgeben und mit etwas Curry bestäubt servieren.

MEIN TIP
Frische Minze ist ein phantastisches Gewürz für grüne Erbsen. Sobald im Frühjahr die Minze in meinem Garten üppig wächst, nehme ich statt Petersilie die aromatisch frischen Minzblättchen für die Suppe.

DOCKERS JOKER
In Interviews mit mir kommt garantiert irgendwann die Frage: „Frau Kiesewetter, haben Sie es je bereut, daß Sie von der Schauspielerei zur Kochkunst gewechselt haben?" Ich antworte dann immer mit „nein".
Ich wechselte nämlich zu einer Zeit, als die sogenannten modernen Theaterstücke aufkamen, bei denen der Regisseur nicht den Autor versteht, die Schauspieler nicht den Regisseur – und das Publikum gar nichts mehr versteht.
Wie schön ist es doch dagegen zu erleben, mit meinen Rezepten von allen verstanden zu werden, spätestens, wenn sie als fertiges Gericht auf dem Tisch stehen.

EIN SCHIFF WIRD KOMMEN

GEMÜSESUPPE
AUF GRIECHISCHE ART
(2 Personen)

1 Zwiebel
1 EL Öl
200 g mariniertes Gyrosfleisch
1 TL Tomatenmark
300 g Balkangemüse (tiefgekühlt)
600 ml klare Fleischbrühe
2 EL Knoblauch-Crème fraîche
Salz, Pfeffer
1 EL gehackte Petersilie

Die Zwiebel pellen und würfeln. Öl in einem Topf erhitzen, das Gyrosfleisch darin anbraten. Die Zwiebeln zufügen und mit schmoren. Das Tomatenmark einrühren und das tiefgefrorene Balkangemüse zugeben.
Die Brühe angießen, aufkochen und zugedeckt 15 Minuten leise köcheln lassen. Dabei ab und zu umrühren.
Crème fraîche einrühren und mit Salz und Pfeffer abschmecken. Mit Petersilie bestreut servieren.

MEIN TIP
Beim Einrühren vom Tomatenmark den Topf kurz von der Kochstelle ziehen, damit es nicht verbrennt.
Die Hitze kann dann schon etwas heruntergestellt werden.

SUUP DI DICK

Ein alter Sinnspruch hängt oft in Norddeutschlands Kneipen:
Freet di full
und suup di dick,
un hol din muul
vun Politik.
In der hochdeutschen Übersetzung klingen die Worte sehr kraß:
Friß' dich voll
und sauf dich dick,
und halt dein Maul
von Politik.
Gemeint ist wohl, daß beim Essen und Trinken mit Freunden die gemütliche Stimmung schnell schwindet, wenn erhitzte Gemüter zu politisieren beginnen. Übrigens gehen Geschichtsbewanderte und Sprachforscher davon aus, daß das Wort Suppe aus dem plattdeutschen Suupen gleich Trinken (Saufen) entstanden ist, denn der Löffel ist nach der Suppe erfunden worden.

SUUP DI DICK

KNOBLAUCHSUPPE
(2 Personen)

3 Knoblauchzehen
2 Scheiben Toastbrot
125 g gekochter Schinken
1 EL Butter
1 TL getrockneter Oregano
2 EL Tomatenmark
200 ml Rotwein
¼ l klare Fleischbrühe
Salz, Cayennepfeffer

Den Knoblauch pellen. Die Rinde vom Toastbrot abschneiden. Toastbrot und Schinken würfeln.
Die Butter in einem Topf erhitzen und den Schinken darin anbraten. Schinken herausnehmen und auf einem Teller beiseite stellen.
Den Knoblauch durch eine Knoblauchpresse ins Bratfett drücken und hellgelb rösten. Toastbrot zufügen und leicht anbräunen. Oregano und Tomatenmark einrühren. Rotwein und Brühe angießen und zugedeckt 5 Minuten köcheln lassen.
Die Suppe mit einem Schneidstab pürieren und mit Salz und Cayennepfeffer abschmecken. Den Schinken in die Knoblauchsuppe geben und kurz erhitzen.

NELLY'S KASCHEMME

BUNTE KÄSESUPPE
(2 Personen)

600 ml Hühnerbrühe
1 Päckchen helle Sauce
300 g Leipziger Allerlei (tiefgekühlt)
1 Zwiebel
1 EL Öl
1 ungebrühte Kalbsbratwurst
125 g geriebener Käse (z. B. Gouda oder Emmentaler)
Salz, Pfeffer
1 Bund Schnittlauch

Die Hühnerbrühe in einem Topf aufkochen. Das Saucenpulver einrühren und 1 Minute kochen lassen. Das tiefgekühlte Leipziger Allerlei zufügen. Den Deckel auflegen und etwa 15 Minuten leise köcheln lassen. Dabei ab und zu umrühren.
Die Zwiebel pellen und würfeln. Öl erhitzen und die Kalbsbratwurstmasse als Klößchen ins heiße Fett drücken. Von allen Seiten braun braten, dabei die Zwiebeln zufügen.
100 g Käse in die Suppe einrühren und schmelzen lassen. Die Klößchen zugeben und mit Salz und Pfeffer abschmecken.
Schnittlauch abbrausen, trockenschütteln und in Röllchen schneiden. Die Suppe mit Schnittlauch und dem restlichen Käse bestreut servieren.

MEIN TIP
Sie brauchen zum Schnittlauchschneiden kein Brettchen und kein Messer. Wie das geht? Einfach das Schnittlauchbündel über die Suppe halten und mit einer Küchenschere in feine Röllchen schneiden.

ALLZEIT EINE HANDBREIT UNTERM KIEL

CHAMPIGNON-CREMESUPPE
(2 Personen)

40 g durchwachsener, geräucherter Speck
250 g Champignons
1 EL Öl
2 TL Mehl
600 ml klare Fleischbrühe
4-6 EL Schlagsahne
80 g Krabbenfleisch
Salz, Pfeffer
etwas Sherry
1 EL gehackter Dill

Den Speck in Würfel schneiden. Die Champignons waschen, putzen und blättrig schneiden.
Das Öl in einem Topf erhitzen. Die Speckwürfel darin knusprig braun anbraten. Champignons zufügen und 5 Minuten kräftig anbraten. Mehl darüberstäuben und die Brühe langsam unter Rühren angießen. Zugedeckt 5 Minuten leise köcheln lassen. Die Schlagsahne und das Krabbenfleisch in die Suppe geben und erhitzen. Mit Salz, Pfeffer und Sherry pikant abschmecken und mit gehacktem Dill bestreut servieren.

BELLA NAPOLI
In dem Musikfilm „Adieu, lebwohl, good bye“ spielte ich neben so lieben Kollegen wie Senta Berger, Rudolf Platte und Georg Thomalla eine Saxophonistin. Ebenfalls dabei: Don Jaime di mora y Aragon, der Bruder der belgischen Königin Fabiola. Wir drehten in Italien in der Nähe von Neapel, aber das Wetter in Bella Napoli spielte nicht immer mit. Regentage sind beim Außendreh immer sehr langweilig und man sitzt sozusagen in Wartestellung. An so einem verregneten Tag lud uns Don Jaime spontan in sein Haus am Meer ein, und was er kochte, war beste, schnelle, italienische Küche.

BELLA NAPOLI

TOMATENSUPPE MIT TORTELLINI
(4 Personen)

2 Zwiebeln
4 Knoblauchzehen
2 EL Olivenöl
⅛ l trockener Rotwein
1 große Dose geschälte Tomaten (850 ml)
Salz, Pfeffer
1 Prise Zucker
125 g Tortellini mit Fleischfüllung (aus dem Kühlregal)
½ Bund Basilikum
1 Becher Crème fraîche (125 g)

Zwiebeln und Knoblauch pellen und fein würfeln. Das Olivenöl in einem großen Topf erhitzen. Zwiebel- und Knoblauchwürfel darin andünsten. Mit Rotwein ablöschen. Die geschälten Tomaten zufügen und unterrühren. Einmal aufkochen lassen und mit einem Schneidstab pürieren. Die Suppe mit Salz, Pfeffer und Zucker abschmecken.
Die Tortellini separat in reichlich Salzwasser nach Packungsanweisung bißfest kochen. Tortellini abgießen, gut abtropfen lassen und zur Suppe geben.
Basilikum abbrausen, trockenschütteln und die Blättchen fein schneiden. Die Suppe mit Basilikum bestreuen und mit einem Klecks Crème fraîche servieren.
Dazu paßt italienisches Weißbrot, zum Beispiel Ciabatta.

MEIN TIP
Zur Tomatensuppe stelle ich ein Schüsselchen mit Basilikum-Pesto und eins mit frisch geriebenem Parmesan. So kann sich jeder bei Tisch seine Suppe nach italienischer Art individuell würzen.

ARNOS BROTSUPPE

EI-BRÖTCHEN-SUPPE
(2 Personen)

1 Zwiebel
1 Knoblauchzehe
1 altes Brötchen
2 EL Butter
600 ml Hühnerbrühe
½ TL Kümmel
1 Ei
Salz, Pfeffer
1 Prise Muskatnuß
1 EL gehackte Petersilie

Zwiebel und Knoblauchzehe pellen. Zwiebel grob würfeln. Brötchen in kleine Würfel schneiden.
Die Butter in einem Topf erhitzen. Brötchen und Zwiebeln darin leicht anbräunen. Knoblauch durch eine Knoblauchpresse dazudrücken. Die Brühe angießen und mit Kümmel würzen.
Alles aufkochen und zugedeckt etwa 10 Minuten leise köcheln lassen, bis sich mit einem Schneebesen alles gut verrühren läßt.
Das Ei schaumig schlagen und in die Suppe einrühren. Kurz aufkochen lassen und mit Salz, Pfeffer und geriebener Muskatnuß abschmecken. Mit Petersilie bestreut servieren.

MEIN TIP
Die Knoblauchsuppe bekommt mit geröstetem Sesamsamen oder in Butter gebräunten Sonnenblumenkernen eine besondere Note.

ARNOS BROTSUPPE
Ein alter, guter Freund meiner Familie ist Arno Hofer, ein phantastischer Koch aus der Schweiz. Wenn er uns besucht, ergreift er gerne Besitz von meiner Küche. Im Sommer hilft er oft in meiner Büsumer Erlebnisgastronomie, fährt dann aber schon etwas früher als wir nach Haus. Wenn alle hungrig heimkommen, überrascht er uns mit einer seiner Kreationen. Einmal sagte ich: „Heute wird es nicht klappen, Arno, ich habe nichts im Haus!“ Arno ließ sich nicht beirren und zauberte aus dem Nichts diese Brotsuppe – das ist wahre Kochkunst und für uns alle unvergeßlich.

NEPTUNS DELIGHT SURPRISE

SPECK-PORREE-SUPPE
(2 Personen)

100 g durchwachsener, geräucherter Speck
1 Zwiebel
2 Stangen Porree
1 EL Öl
½ TL Curry
600 ml Hühnerbrühe
6 gehäufte EL Kartoffelpüreepulver
1 Päckchen 8-Kräuter (tiefgekühlt)
Salz, Pfeffer
etwas Sojasauce

Den Speck würfeln. Zwiebel pellen und würfeln. Porree putzen und in Ringe schneiden. Gründlich waschen und abtropfen lassen.
Das Öl in einem Topf erhitzen und den Speck darin knusprig anbraten. Zwiebeln zufügen und goldgelb braten. Porree zufügen und kurz andünsten. Curry darüberstäuben und mit der Brühe ablöschen. Zugedeckt knapp 15 Minuten kochen lassen.
Kartoffelpüreepulver einrühren und die tiefgefrorenen Kräuter zufügen. Die Porreesuppe einmal aufkochen und mit Salz, Pfeffer und Sojasauce abschmecken.

MEIN TIP
In der Tiefkühltruhe Ihres Supermarktes finden Sie eine ganze Reihe fertige Gemüsemischungen, die Sie statt Porree für die Suppe nehmen. Dann das tiefgefrorene Gemüse in der Brühe garen.

POPEYE THE SAILORMAN

Durch einen fatalen Irrtum beim Berechnen der Eisenwerte im Spinat glaubten alle Mütter, Spinat wäre besonders gesund, und ihre lieben Kleinen müßten möglichst viel davon essen. Da hatten sie aber die Rechnung ohne ihre Sprößlinge gemacht, denn dummerweise mögen die meisten Kinder keinen Spinat. Auch ich wollte nur das Beste für meine Kinder und habe mir alle möglichen Tricks einfallen lassen, z. B. nahm ich einen Teller mit einem lustigen Motiv auf dem Boden, das es zu ergründen galt. Die Spinatschlacht war für mich aber erst geschlagen, als mir „Popeye the sailorman" zu Hilfe kam.
Die witzige Art dieser Comicfigur wirkte einfach überzeugend.
Meine Kinder sind mittlerweile erwachsen und haben ihre Abneigung gegenüber Spinat längst vergessen. Aber immer noch, wenn es bei uns ein Gericht mit Spinat gibt, hat „Popeye" wieder zugeschlagen.

POPEYE THE SAILORMAN

SPINATSUPPE
(4 Personen)

20 g durchwachsener, geräucherter Speck
3 kleine Zwiebeln
3 EL Zwieback- oder Paniermehl
400 g Rahmspinat (tiefgekühlt)
¾ l Milch
Salz, Pfeffer
1 Prise geriebene Muskatnuß
150 g Räucherlachs in Scheiben

Den Speck in Würfel schneiden und in einem großen Topf knusprig auslassen. Die Zwiebeln pellen und fein hacken. Zwiebeln zum Speck geben und mit andünsten.
Zwieback- oder Paniermehl darüberstreuen und kurz anschwitzen. Den tiefgekühlten Spinat in den Topf geben und die Milch angießen. Aufkochen lassen und zugedeckt etwa 15 Minuten leise köcheln lassen, dabei ab und zu umrühren. Wenn der Spinat aufgetaut ist, die Suppe mit Salz, Pfeffer und 1 Prise geriebener Muskatnuß abschmecken.
Den Räucherlachs in feine Streifen schneiden und in die Suppe geben.

MEIN TIP
Preiswerter als echter Räucherlachs sind geräucherte Seelachsschnitzel in Glas oder Dose, die Sie sich griffbereit auf Vorrat legen können.

HAMBURG-MÜNCHEN UND ZURÜCK

SAUERKRAUTSUPPE MIT LEBERKÄSE
(4 Personen)

250 g Leberkäse
30 g Butter
2 große Zwiebeln
1 Dose Sauerkraut (550 g)
1 l klare Fleischbrühe
1 TL getrockneter Majoran
1 Beutel Kartoffelpüreepulver für 1-2 Personen
Salz, Pfeffer
1 Bund Petersilie

Leberkäse in Streifen schneiden. Die Butter in einem großen Topf erhitzen und den Leberkäse darin braun braten.
Leberkäse mit einer Schaumkelle aus dem Topf nehmen. Auf einem Teller beiseite stellen. Zwiebeln pellen und würfeln. Zwiebelwürfel ins Bratfett geben und darin glasig dünsten.
Sauerkraut auseinanderzupfen und kleinschneiden. Sauerkraut in den Topf geben und die Brühe angießen. Majoran zugeben. Die Suppe aufkochen lassen. Den Topf von der Kochstelle nehmen, das Kartoffelpüreepulver einrühren. Die Suppe mit Salz und Pfeffer abschmecken. Den Leberkäse in die Suppe geben.
Die Petersilie abbrausen, trockenschütteln und hacken. Die Sauerkrautsuppe mit Petersilie bestreut servieren.
Dazu paßt ein kräftiges Bauernbrot.

MEIN TIP
Statt mit Majoran können Sie die Suppe auch mit Kümmel oder Thymian würzen. Wer's gerne scharf mag, schmeckt die Suppe mit Sambal Oelek oder Chilipulver ab.

DER RASENDE ROLAND

BRÜHE MIT ZWIEBEL-EI-STREIFEN
(4 Personen)

1 Zwiebel
2 EL Olivenöl
2 Eier
Salz, Pfeffer
Curry
1 l klare Fleischbrühe
1 Bund Petersilie
50 g Parmesankäse

Zwiebel pellen und in dünne Scheiben schneiden. Das Olivenöl in einer Pfanne erhitzen und die Zwiebelringe darin andünsten.
Die Eier mit Salz, Pfeffer und 1 Prise Curry verquirlen und über die Zwiebelringe geben. Bei schwacher Hitze solange braten, bis die Eier gestockt sind. Etwas abkühlen lassen und das Omelett in Streifen schneiden.
Die Brühe erhitzen und kräftig mit Curry abschmecken. Die Petersilie abbrausen, trockenschütteln und fein hacken. Parmesankäse reiben.
Die Zwiebel-Ei-Streifen in vorgewärmte Suppenteller geben. Die heiße Fleischbrühe einfüllen und mit Petersilie und Parmesan bestreut servieren.

OPA VERTELLT

GRÜNKOHLSUPPE
(4 Personen)

4 Zwiebeln
2 EL Öl
4 Knoblauchwürste (Cabanossi)
1 Dose Grünkohl (530 g)
1 l klare Fleischbrühe
3 gekochte Kartoffeln
Salz, Pfeffer
1 Prise Zucker

Zwiebeln pellen und würfeln. Öl in einem Topf erhitzen. Die Zwiebeln darin goldbraun anbraten. Die Knoblauchwürste in Scheiben schneiden und zu den Zwiebeln geben. 2-3 Minuten anbraten. Den Grünkohl zufügen und die Brühe angießen. Alles einmal durchrühren und 15 Minuten bei schwacher Hitze köcheln lassen.
Die Kartoffeln würfeln und in den letzten Minuten zum Grünkohl geben, darin heiß werden lassen.
Mit Salz, Pfeffer und 1 Prise Zucker abschmecken.

MEIN TIP
Den Grünkohl mit einem kleinen Schuß Sojasauce würzen. Zugegeben, das klingt zwar ungewöhnlich, gibt dem Gericht aber eine besondere Note und schmeckt vorzüglich.

OPA VERTELLT

Wer es erlebt hat, erinnert sich gern daran zurück, wenn Großvater einen auf den Schoß nahm und Geschichten erzählte. Geschichten aus alter Zeit, am liebsten von seiner Jugend. Mein Opa erzählte neben Seeräubergeschichten und allen möglichen Schnurren auch von der Suppe in der „Schlechten Zeit". Dies war die Zeit von Kriegsende bis 1948, in der man oft nicht wußte, gibt es morgen überhaupt etwas zu essen.
Natürlich wurden in erster Linie Suppen gekocht. Undefinierbare Suppen, in die alles hineinkam, was geschmacklich gerade noch verantwortbar war.
Das Wichtigste dabei, daß immer ein sogenannter Grundstock übrig blieb, die Basis für die Suppe am nächsten Tag. Es war ja möglich, daß man zum Beispiel nur Grünkohl bekam, aber keinen Speck, kein Fleisch oder keine Kartoffeln. Mit dem Grundstock zusammen, ergab der Kohl dann aber wieder ein „vollständiges" Suppengericht. Wieder mußte ein Grundstock übrigbleiben, der dann am nächsten Tag abermals verlängert wurde, usw., usw., usw.

DER RASENDE ROLAND

Auf der Insel Rügen gibt es eine uralte Inselbahn mit einer nostalgischen Dampflokomotive – dank liebevoller Pflege immer noch gut erhalten und heutzutage eine Touristenattraktion. In gemütlichem Schneckentempo werden die Urlauber über die Insel transportiert und es fehlt eigentlich nur noch ein Emailleschild mit der Aufschrift „Blumen pflücken während der Fahrt verboten". Die Nostalgiebahn trägt den Spitznamen „Der rasende Roland".

4.

GEHEIMREZEPTE VON DER KÜSTE

SEAFOOD-SUPPEN

„Kojengeflüster" oder „Muschelgetuschel" sind nur zwei von meinen Fischsuppen, die einfach nach „Meer" schmecken. Schwimmen Sie mit dem Strom, und bereiten Sie ein- bis zweimal in der Woche Fisch zu, das ist gesund und schmeckt. Wie vielseitig Fisch sein kann, beweisen diese köstlichen Gerichte, bei denen Fisch in einem Fond zart gart. Wenn Sie meine Rezepte ausprobieren, werden Sie schnell feststellen, Fischsuppen zu kochen ist wirklich kein Geheimnis mehr.

Rezept auf der nächsten Seite

STAU VORM SCHLEUSENTOR

SAFRAN-FISCH-SUPPE
(4 Personen)

800 ml Fischfond
(aus dem Glas oder selbstgekocht)
500 g Lengfischfilet
200 g Miesmuscheln
⅛ l trockener Weißwein
1 Tütchen Safranfäden (0,5 g)
Salz, Pfeffer
1 Schuß trockener Sherry
2 Stiele Dill
100 g gekochte Shrimps

Den Fischfond in einen Topf geben und aufkochen. Fischfilet in größere Würfel schneiden und hineingeben. Bei kleinster Hitze 6 Minuten gar ziehen lassen. Fischfilet mit einer Schaumkelle aus dem Fond nehmen und warm stellen.
Miesmuscheln in einen zweiten Topf geben. Den Weißwein angießen und zugedeckt 3-4 Minuten garen, bis sich die Schalen geöffnet haben. Vier schöne Schalen zum Dekorieren aufheben. Restliche Muscheln aus den Schalen lösen, dabei nicht geöffnete Muscheln wegwerfen.
Safranfäden und Muschelsud zum Fischfond geben und 3 Minuten leise köcheln lassen. Mit Salz, Pfeffer und Sherry abschmecken.
Dill abbrausen, trockenschütteln und fein schneiden. Fisch, Shrimps und Muscheln auf vorgewärmte Teller verteilen und die heiße Fischbrühe angießen. Mit Dill bestreut servieren.

MEIN TIP
Statt mit Sherry können Sie die Suppe mit einigen Tropfen Anisschnaps abschmecken. Das gibt ein besonders raffiniertes Aroma.

RUND UM DEN MICHEL

HAMBURGER AALSUPPE
(4 Personen)

1 Schinkenknochen
1 Bund Suppengrün
1 große Zwiebel
100 g Backpflaumen
200 g kleine, feste Birnen
4 EL helle Mehlschwitze (Instant)
250 g grüner, gehäuteter Aal
oder Räucheraal
4 EL feingeschnittene Kräuter
(z. B. Petersilie, Majoran, Salbei, Rosmarin, Basilikum, Thymian)
Salz, Pfeffer
1 Prise Zucker
1 Schuß Essig

Schinkenknochen in 1½ l Wasser etwa 2 Stunden leise köcheln lassen. In einen zweiten Topf durchsieben. Etwas Brühe zum Garen der Birnen abnehmen.
Suppengrün putzen, waschen und fein schneiden. Zwiebel pellen und würfeln. Suppengrün und Zwiebeln in die Suppe geben und 20 Minuten garen.
Backpflaumen in ⅛ l Wasser weich kochen. Birnen schälen, halbieren, entkernen und in Stücke schneiden. Birnen in der abgenommenen Brühe 5 Minuten weich kochen.
Backpflaumen und Birnen zu der Gemüse-Schinken-Brühe geben. Mehlschwitze einstreuen und unter Rühren aufkochen. Den Aal in Stücke schneiden. Zusammen mit den Kräutern in die Brühe geben und 10 Minuten gar ziehen lassen. Mit Salz, Pfeffer, Zucker und Essig abschmecken. Die Hamburger Aalsuppe sehr heiß servieren.

RUND UM DEN MICHEL

Hamburger Aalsuppe: Das Witzige an dieser bekannten Suppe ist, daß früher alles mögliche hineingegeben wurde, nur kein Aal. Es war also alles drin: auf Hamburgisch: aal! Die Quittches, wie man in Hamburg die Ortsfremden nennt, fühlten sich aber geneppt und protestierten, weil kein Aal drin war – also tat man als guter Gastgeber welchen hinein. So ist es bis heute geblieben.

WIKINGER-TRAUM

SALATSUPPE MIT LACHS
(4 Personen)

2 Zwiebeln
400 g Kopfsalat
2 EL Butter
4 EL feine Haferflocken
¾ l Gemüsebrühe
1-2 TL Zitronensaft
1-2 TL Apfeldicksaft
Salz, Pfeffer
je 1 Prise Cayennepfeffer
und Muskatnuß
4 EL saure Sahne
1 Bund Dill
100 g Räucherlachs

Die Zwiebeln pellen und in Würfel schneiden. Den Kopfsalat putzen, waschen und kleinschneiden.
Die Butter in einem hohen Topf erhitzen. Die Zwiebeln darin glasig dünsten. Haferflocken und Kopfsalat zugeben und kurz mitdünsten. Die Brühe angießen und aufkochen. Bei kleiner Hitze 5 Minuten köcheln lassen und mit einem Schneidstab pürieren.
Mit Zitronensaft, Apfeldicksaft, Salz, Pfeffer, Cayennepfeffer und Muskatnuß abschmecken.
Topf von der Kochstelle nehmen und die saure Sahne mit dem Schneidstab unter die Suppe mixen.
Dill abbrausen, trockenschütteln und fein hacken. Räucherlachs in feine Streifen schneiden. Die Salatsuppe mit Dill und Räucherlachsstreifen bestreut servieren.

WIKINGER-TRAUM

Die sagenumwobenen Wikinger gehören ja zu den Vorfahren der Skandinavier. Sie sind einfach faszinierend, sowohl in Hollywoodschinken als auch in seriösen Geschichtsbüchern. Sie haben unglaubliche seemännische Taten vollbracht. Man nimmt an, daß sie vor Kolumbus in Amerika waren. Sicher ist aber, daß sie ihre Beutezüge bis ins Mittelmeer ausweiteten. Ein besonderes Bravourstück ist ein Beutezug die Seine aufwärts bis Paris. Der Wikinger mit blondem Haar, Vollbart, Pelzgewand und Keule ist genau so eine Klischeevorstellung wie der Bayer in Seppelhosen und der Franzose mit Baskenmütze und Bärtchen. Bei meinen Reisen durch Skandinavien habe ich aber eine Menge Männer gesehen, die an diesen Urwikinger erinnerten. Kein Traum!

FISCH-ING FOR COMPLIMENTS

BOUILLABAISSE
(6 Personen)

1,5 kg Mittelmeerfische,
z. B. Brassen, Barben,
Seebarsch, Seeteufel
(ausgenommen, geschuppt
und ohne Kopf)
500 g Tomaten
1 Gemüsezwiebel
2 Knoblauchzehen
4 EL Olivenöl
1 Lorbeerblatt
1 Messerspitze Safranpulver
800 ml Fischfond
(aus dem Glas oder selbstgekocht)
16 Garnelen mit Schale
Salz, Pfeffer

Die Fische abspülen und in portionsgroße Stücke schneiden.
Die Tomaten kreuzweise einritzen und 1 Minute mit kochendem Wasser überbrühen. Kalt abschrecken und häuten.
Die Tomaten vierteln und in Stücke schneiden, dabei die Kerne entfernen. Gemüsezwiebel und Knoblauchzehen pellen und würfeln.
Olivenöl in einem breiten, flachen Topf (am besten einem tiefen Servierbräter) erhitzen. Zwiebeln und Knoblauch darin goldgelb dünsten. Die Tomaten zugeben und kurz durchschmoren. Lorbeerblatt zufügen und das Safranpulver untermischen.
Die Fische hineingeben und bei starker Hitze kurz anschmoren. Den Fischfond angießen und aufkochen lassen. Dann die Fische bei schwacher Hitze 15-20 Minuten gar ziehen lassen.
5 Minuten vor Ende der Garzeit die Garnelen in die Brühe geben.
Den Sud mit Salz und Pfeffer abschmecken.

MEIN TIP

Dazu schmeckt Aioli, eine Knoblauchsauce, die es schon fertig zu kaufen gibt. Außerdem gibt's dazu in einer Pfanne geröstete Baguettescheiben.
Da die Fischstücke mit Haut und Gräten auf den Tisch kommen, nicht vergessen, Teller für die Abfälle bereitzustellen.

FISCH-ING FOR COMPLIMENTS

Während der Filmfestspiele in Cannes fuhren wir eines Abends nach St. Tropez. Dort bot sich uns ein romantisches Bild am Strand mit vielen Feuern und lebhaftem Treiben.
Fischer kochten aus den Fangresten des Tages eine Fischsuppe, wie sie es seit ewigen Zeiten tun: ein Resteessen armer Fischer. Daraus wurde im Laufe der Jahre die Bouillabaisse, die heute eine berühmte Spezialität ist. Wen wundert's, daß die Bouillabaisse so viele Rezepte wie Köche hat. „For compliments" braucht diese Suppe eigentlich nie zu fischen, denn sie schmeckt einfach immer gut.

LIIKEDEELER

ZITRONEN-REIS-SUPPE
MIT KABELJAU
(4 Personen)

500 g Kabeljaufilet
400 ml Fischfond
(aus dem Glas oder selbstgekocht)
125 g Langkornreis
Salz
1 Zwiebel
1 Stange Staudensellerie
1 EL Öl
Saft von 2 Zitronen
¾ l leichte Hühnerbrühe
Pfeffer
1 Prise Zucker
1 unbehandelte Zitrone zum Garnieren

Das Kabeljaufilet abspülen, trockentupfen und in mundgerechte Stücke schneiden. Fischfond erhitzen und den Kabeljau hineingeben. 5 Minuten darin gar ziehen lassen.
Den Reis in ¼ l leicht gesalzenem Wasser aufkochen. Etwa 20 Minuten ausquellen lassen.
Die Zwiebel pellen und würfeln. Den Staudensellerie putzen, waschen und in feine Scheibchen schneiden.
Öl in einem Topf erhitzen. Zwiebeln und Sellerie darin andünsten. Zitronensaft und Hühnerbrühe zugeben und aufkochen. Mit Salz, Pfeffer und Zucker abschmecken.
Reis und Kabeljau mit Fond zugeben und einige Minuten ziehen lassen. Zitrone heiß abspülen, trockentupfen und in dünne Scheiben schneiden. Die Suppe mit Zitronenscheiben und, falls vorhanden, mit Selleriegrün garnieren.

KOJENGEFLÜSTER

PAPRIKACREMESUPPE
MIT SCHOLLENRÖLLCHEN
(4 Personen)

6 rote Paprikaschoten
etwas Öl
2 Zwiebeln
1 EL Butter
¾ l leichte Hühnerbrühe
200 g Schlagsahne
Salz, Pfeffer
4 Schollenfilets ohne Haut
etwas Zitronensaft
1 Stück Salatgurke (7-8 cm lang)
Dill zum Garnieren

Die Paprikaschoten vierteln, putzen und dabei die weißen Kernchen und Trennwände entfernen. Die Paprikaschoten abspülen und mit der Hautseite nach oben auf ein mit Alufolie ausgelegtes Backblech legen. Mit etwas Öl bepinseln und im Backofen bei 225° C 15-20 Minuten backen, bis die Haut dunkelbraun ist und Blasen wirft. Paprikaschoten häuten und grob zerkleinern.
Die Zwieben pellen und in Würfel schneiden. Butter in einem hohen Topf erhitzen und die Zwiebeln darin glasig dünsten.
Paprika zufügen und ⅓ der Brühe angießen. Danach alles mit einem Schneidstab pürieren. Die restliche Brühe und Schlagsahne angießen und aufkochen. Mit Salz und Pfeffer abschmecken.
Die Schollenfilets abspülen, trockentupfen und mit etwas Zitronensaft beträufeln. Mit etwas Salz und Pfeffer würzen.
Die Gurke halbieren und die Kerne entfernen. Die Gurke in Streifen schneiden. Die Gurkenstreifen auf den Schollenfilets verteilen und aufrollen. Schollenröllchen mit Holzstäbchen zusammenstecken.

Die Schollenröllchen in leicht gesalzenes, siedendes Wasser geben und 5 Minuten gar ziehen lassen. Mit einer Schaumkelle herausnehmen und kurz auf Küchenpapier abtropfen lassen. In Suppenteller setzen und die Suppe angießen. Mit Dill garniert servieren.

MUSCHEL-GETUSCHEL

MUSCHELSUPPE
(4 Personen)

2 kg Miesmuscheln (geputzt)
4 Knoblauchzehen
2 Zwiebeln
1 Fenchelknolle
8 EL Olivenöl
¼ l trockener Weißwein
2 EL Anisschnaps
Pfeffer
200 g Schlagsahne
2 EL Tomatenstücke aus der Packung
1 EL gehackte Petersilie

Die Miesmuscheln kurz abspülen, offene Muscheln wegwerfen.
Knoblauch und Zwiebeln pellen und würfeln. Fenchel putzen, waschen und in feine Streifen schneiden. Das Fenchelgrün beiseite legen.
Olivenöl in einem großen Topf erhitzen. Knoblauch, Zwiebeln und Fenchel darin andünsten. Weißwein und Anisschnaps angießen und mit Pfeffer würzen. Muscheln zugeben, alles mischen und im geschlossenen Topf 6-8 Minuten garen, bis sich die Muscheln geöffnet haben. Geschlossene Muscheln wegwerfen.
Muscheln mit einer Schaumkelle in eine Schüssel oder Terrine geben. Sud mit Sahne und Tomatenstücken 5 Minuten einkochen lassen.
Fenchelgrün hacken. Die Sauce über die Miesmuscheln gießen und mit Fenchelgrün und Petersilie bestreut servieren.

DÜNEN UND KLIFF

KARTOFFELSUPPE
MIT RÄUCHERFORELLE
(4 Personen)

400 g Kartoffeln, vorwiegend festkochend
1 kleine Petersilienwurzel
1 Zwiebel
2 EL Öl
1¼ l Hühnerbrühe
125 g Schlagsahne
Salz, Pfeffer
100 g Knollensellerie
Fett zum Fritieren
200 g Räucherforelle
2 EL gehackte Petersilie

Kartoffeln und Petersilienwurzel schälen und grob würfeln. Zwiebel pellen und würfeln.
Öl in einem hohen Topf erhitzen. Kartoffeln, Petersilienwurzel und Zwiebeln darin andünsten. Danach ½ l Brühe angießen und zugedeckt etwa 30 Minuten garen.
Alles mit einem Schneidstab pürieren. Die restliche Brühe und Sahne zugießen und aufkochen. Mit Salz und Pfeffer würzen.
Knollensellerie schälen und in sehr feine Streifen schneiden. Im heißen Fett portionsweise fritieren und auf Küchenpapier abtropfen lassen. Räucherforelle in Stücke teilen.
Kartoffelsuppe in tiefe Teller geben. Knollenselleriestreifen und Räucherforelle hineingeben und mit Petersilie bestreut servieren.

CHINESENMIEZE

Bei der Fernsehserie „Der König von St. Pauli" wird jedem klar, daß der Kiez seine eigene Sprache hat. Das Fünfmarkstück heißt „Heiermann", Ohrfeigen sind „Hongkong-Schwalben". Ein Gast heißt „Freier", und wenn dieser, anstatt viel zu verzehren, viel redet, also seibelt, ist das eben ein „Seibelfreier". Unvorstellbar, daß man sich auf St. Pauli siezt. Es gibt nur Kurt, Hilde, Jonny oder Nicole, aber wie alle auseinanderhalten? Da werden dann eben Namen erfunden wie: Asbach-Kurt, Brillanten-Toni, Zocker-Horst und Daddel-Heini. Eine erfolgreiche Karriere machte vor vielen Jahren „Chinesenmieze" durch eine Hauptrolle in den beliebten „Nick Knatterton-Comics".

CHINESENMIEZE

ASIATISCHE FISCHSUPPE
(4 Personen)

500 g Fischfilet (z. B. Lengfisch)
1 EL Speisestärke
Sojasauce
5 EL trockener Sherry
100 g Glasnudeln
4 Frühlingszwiebeln
1 rote Paprikaschote
125 g Bambus aus der Dose
1 l leichte Hühnerbrühe
Salz, Pfeffer

Das Fischfilet abspülen und trockentupfen. In mundgerechte Würfel schneiden und mit Speisestärke bestäuben. 2 EL Sojasauce und Sherry verrühren und über das Fischfilet geben. Zugedeckt etwa 30 Minuten durchziehen lassen.
Glasnudeln mit kochendem Wasser übergießen und 15 Minuten quellen lassen.
Frühlingszwiebeln putzen, waschen und in feine Ringe schneiden. Die Paprikaschote vierteln, putzen und dabei die weißen Kernchen und Rippen entfernen. Paprika abspülen und in sehr feine Streifen schneiden. Bambus fein schneiden.
Hühnerbrühe in einem Topf aufkochen. Fischfilet, Frühlingszwiebeln und Paprika zufügen und etwa 5 Minuten darin bei schwacher Hitze garen. Die Glasnudeln abgießen und kleiner schneiden. Zusammen mit Bambus zugeben und kurz erhitzen. Die Suppe mit Sojasauce, Salz und Pfeffer abschmecken.

MEIN TIP
Zum Abschmecken für eine asiatische Suppe können Sie auch Reiswein, Fischsauce und Sesamöl verwenden. Wer's gerne scharf mag, würzt mit Sambal Oelek.

BUTEN WEIHT'N KOHLEN NORDER

BÜSUMER KRABBENSUPPE
(4 Personen)

1 Bund Suppengrün
1 kleine Zwiebel
1 EL Krebsbutter
½ l Hühnerbrühe
¼ l trockener Weißwein
375 g Schlagsahne
250 g Nordseekrabbenfleisch
Salz, Pfeffer
½ Bund Dill

Das Suppengrün putzen, waschen und fein schneiden. Zwiebel pellen und würfeln.
Die Krebsbutter in einem Topf erhitzen. Suppengrün und Zwiebeln darin andünsten. Hühnerbrühe, Weißwein und 250 g Schlagsahne angießen und 15 Minuten zugedeckt leise köcheln lassen.
Einige Krabben beiseite legen. Die restlichen Krabben in die Suppe geben und erhitzen. Die Suppe mit Salz und Pfeffer abschmecken.
Dill abbrausen, trockenschütteln und fein schneiden. Die restliche Schlagsahne steif schlagen.
Die Suppe in Suppentassen füllen, einen Klecks Sahne daraufsetzen, die Krabben darübergeben und mit Dill bestreut servieren.

5.

OHNE FISCH
UND FLEISCH

LEICHTE SUPPEN

Nur, wer sie noch nicht probiert hat, findet sie fade und langweilig. Viel frisches Gemüse ist die Basis für unsere leichten Suppen. Der Verzicht auf Fisch oder Fleisch fällt dabei keineswegs ins Gewicht. Bedienen Sie sich großzügig vom saisonalen Gemüseangebot, würzen Sie mit aromatischen Kräutern und reichern das Ganze noch durch eine Handvoll Reis – vielleicht darf's auch mal Grünkern sein – an. Köcheln lassen und testen! Hmm, das schmeckt! Kein Zweifel, das sind die leichten Fitmacher der Saison!

Rezept auf der nächsten Seite

NICHT FISCH – NICHT FLEISCH

GEMÜSEBRÜHE
MIT EIKLÖSSCHEN
(4 Personen)

2 Schalotten
750 g Gemüse
(z. B. Möhren, Kohlrabi, Kartoffeln, Zucchini, Zuckerschoten, Blumenkohl)
4 EL Butter
1¼ l Gemüsebrühe
4 Tomaten
Salz, Pfeffer
2 hartgekochte Eier
1 Eigelb
1-2 EL Semmelbrösel
Kresse

Die Schalotten pellen und würfeln. Gemüse waschen, gegebenenfalls schälen und zerkleinern.
Die Butter in einem Topf erhitzen. Schalotten und Gemüse darin etwa 10 Minuten andünsten. Gemüsebrühe angießen und aufkochen. Zugedeckt gut 30 Minuten kochen.
Tomaten einritzen, überbrühen und kalt abschrecken. Die Tomaten vierteln, entkernen und das Fruchtfleisch würfeln.
Die Gemüsebrühe durch ein Sieb in einen Topf gießen. Das Suppengemüse etwas durchs Sieb passieren. Die Brühe mit Salz und Pfeffer abschmecken.
Für die Klößchen die Eier pellen und durch ein Sieb streichen. Mit Eigelb und Semmelbröseln verrühren. Mit Salz und Pfeffer würzen. Mit leicht bemehlten Händen Klößchen formen und in der kochenden Brühe 5-10 Minuten gar ziehen lassen. Die Tomatenwürfelchen zufügen und mit Kresse bestreut servieren.

HOLSTEINER DICKSCHÄDEL

Mit dem Attribut leutselig kann sich der Schleswig-Holsteiner nun wirklich nicht schmücken.
Er ist viel mehr ein abwartender Typ und unnachgiebig beim Durchsetzen seiner Ziele.
Das hat ihm den Beinamen „Dickschädel" eingetragen.
Viele Feriengäste wissen aber, wenn das Eis einmal geschmolzen ist, kann er zum herzlichen Freund werden.

HOLSTEINER DICKSCHÄDEL

STECKRÜBENSUPPE
(4 Personen)

250 g Steckrübe
2 Kartoffeln
700 ml Gemüsebrühe
1 Lorbeerblatt
1 Möhre
2 Stangen Staudensellerie
1 Porreestange
Salz, Pfeffer
1 Prise Muskatnuß
1 Eigelb
100 g Schlagsahne

Steckrüben und Kartoffeln schälen, waschen und würfeln. Steckrüben, Kartoffeln, Gemüsebrühe und Lorbeerblatt in einen hohen Topf geben.
Die Möhre schälen und waschen. Die Selleriestangen und den Porree putzen und waschen. Selleriegrün beiseite legen. Das Gemüse in feine Streifen, bzw. Ringe schneiden. Gemüsereste in den Suppentopf geben. Zugedeckt etwa 20 Minuten kochen.
Das feingeschnittene Gemüse in Salzwasser kurz blanchieren, abgießen und abtropfen lassen.
Das Lorbeerblatt aus der Suppe entfernen. Dann die Suppe mit einem Schneidstab pürieren. Mit Salz, Pfeffer und Muskat abschmecken.
Das Eigelb mit der Schlagsahne verquirlen und in die nicht mehr kochende Suppe einrühren.
Feingeschnittenes Gemüse in tiefe Teller geben und die heiße Suppe angießen. Mit gehacktem Selleriegrün servieren.

FRISCHE BRISE

ROTE LINSENSUPPE
MIT POLENTA
(4 Personen)

2 EL Butter
125 g Maisgrieß (Polenta)
1 TL abgeriebene Zitronenschale (unbehandelt)
50 g geriebener Käse
Salz, Pfeffer
250 g grüne Bohnen
1 Zwiebel
4 EL Olivenöl
1½ l Gemüsebrühe
150 g rote Linsen
Salz, Pfeffer
2 EL gehackte Petersilie

Die Butter mit ½ l Wasser aufkochen. Maisgrieß einrühren und unter Rühren einmal aufkochen lassen. Zitronenschale zufügen und etwa 10 Minuten ausquellen lassen. Den Käse unterrühren und mit Salz und Pfeffer würzen.
Die Maisgrießmasse etwa 1½ cm dick auf ein geöltes Stück Alufolie ausstreichen und auskühlen lassen.
Die Bohnen waschen, putzen und in dünne Scheiben schneiden. Die Zwiebel pellen und würfeln.
2 EL Olivenöl in einem Topf erhitzen. Die Zwiebelwürfel darin andünsten. Bohnen und Brühe zugeben. Zugedeckt gut 10 Minuten kochen.
Den Maisgrieß (Polenta) in kleine Rauten schneiden und in dem restlichen Olivenöl goldgelb braten.
Die letzten 5 Minuten die Linsen in die Suppe streuen. Mit Salz und Pfeffer abschmecken und mit Petersilie bestreuen.
Die Polenta extra dazu reichen.

FRISCHE BRISE

Kapitän Graf Luckner war als Seeteufel bekannt. Ein Muskelprotz, der bei seinen Leseabenden anschließend vor den staunenden Damen Telefonbücher in der Mitte durchriß. In seinem Bestseller beschreibt er seine Karriere, die als Schiffsjunge auf einem Segelschiff begann. Für die unteren Chargen gab es fast täglich Suppe, die für Luckners Geschmack immer zu dünn ausfiel, denn er hatte nach der harten Arbeit großen Hunger. Da erfand er folgenden Trick: Er rührte mit der großen Schöpfkelle so lange und so schnell im Kreise, bis sich die Suppe schnell drehte, dann hielt er die geöffnete Kelle gegen den Strom und fischte so das Dicke für sich heraus.
Geboren war der Graf-Luckner-Trick!

RUND UND GESUND

GRÜNKERNSUPPE MIT TOMATEN
(4 Personen)

2 Zwiebeln
1 Knoblauchzehe
2 EL Olivenöl
200 g Grünkernkörner
1½ l Gemüsebrühe
2 Stangen Staudensellerie
500 g reife Tomaten
Salz, Pfeffer
1-2 TL Balsamessig
½ Bund Basilikum

Die Zwiebeln und den Knoblauch pellen und würfeln. Das Olivenöl in einem Topf erhitzen und Zwiebeln und Knoblauch darin andünsten. Grünkern zufügen und die Gemüsebrühe angießen. Etwa 50 Minuten leise köcheln lassen.
Staudensellerie putzen, waschen und in kleine Stücke schneiden. Etwa 5 Minuten vor Ende der Garzeit zum Grünkern geben.
Die Tomaten kreuzweise einritzen, 1 Minute mit kochendem Wasser überbrühen und kalt abschrecken. Die Tomaten häuten und würfeln.
Tomaten in die Suppe geben und erhitzen. Mit Salz, Pfeffer und Essig abschmecken. Basilikum abbrausen, trockenschütteln und die Blättchen hacken. Die Suppe mit Basilikum bestreut servieren.

MEIN TIP

Wer sich erst langsam an die Körnerküche herantastet, der kann die Suppe mit Grünkernschrot probieren. Dazu 100 g Grünkernschrot mit den Zwiebeln in Fett anrösten. 10 Minuten in der Brühe garen. Mit etwas Sahne verfeinert schmeckt die cremige Suppe bestimmt auch Neueinsteigern gut.

HEIN UND FIEDJE

Hein und Fiedje sind zwei Hamburger Originale wie Tünnes und Scheel aus Köln oder Antek und Frantek aus Schlesien. Hein und Fiedje werden als Duo beim Witzeerzählen eingespannt, wenn mit Frage und Antwort, Rede und Gegenrede erzählt wird. Ein weiteres Hamburger Original ist die Zitronenjette, eine ältere Frau, die Zitronen verkaufte und für ihre originelle Kleidung bekannt war. Bekannt war auch Aale-Aale, ein kleiner Aalverkäufer, der seine Ware im Kinderwagen durch die Stadt fuhr und ununterbrochen „Aale, Aale" rief. Der bekannteste aber war der Wasserträger Hummel-Hummel, der, wenn man ihn neckte, mit dem plattdeutschen „Götz von Berlichingen" antwortete: Mors, Mors.

HEIN UND FIEDJE

GURKEN-PILZ-EINTOPF
(4 Personen)

3 Kartoffeln
3 Zwiebeln
3 EL Butter
½ l Gemüsebrühe
1 Dose Mischpilze (240 g)
1 Dose geschälte Tomaten (240 g)
1 Salatgurke
Salz, Pfeffer
1 Prise Zucker
1 Bund Dill

Die Kartoffeln schälen, waschen und würfeln. Die Zwiebeln pellen und in Würfel schneiden. Die Butter in einem Topf erhitzen. Die Zwiebeln darin glasig dünsten. Kartoffeln zufügen und die Gemüsebrühe angießen. Deckel auflegen und 10 Minuten kochen lassen.
Die Mischpilze und die Tomaten auf ein Sieb geben und abtropfen lassen. Die Tomaten halbieren. Die Salatgurke schälen, längs halbieren und in Stücke schneiden.
Gurke, Tomaten und Mischpilze zu den Kartoffeln geben und weitere 10 Minuten garen.
Alles mit Salz, Pfeffer und Zucker abschmecken. Den Dill abbrausen, trockenschütteln und fein hacken. Den Gurken-Pilz-Eintopf mit Dill bestreut servieren.

MEIN TIP
Im Sommer bereite ich den Eintopf mit Schmorgurken zu. Dazu die Schmorgurken mit den Zwiebeln andünsten und mit den Kartoffeln 10 Minuten kochen. Die Pilze und die Tomaten dann zufügen und nur noch erhitzen.

EASY CHEESY

ÜBERBACKENE GEMÜSESUPPE
(4 Personen)

2 Fleischtomaten
2 Zwiebeln
2 Knoblauchzehen
1 Porreestange
2 Möhren
80 g Knollensellerie
½ Bund Basilikum
6 Stiele Estragon
3 EL Butter
¾ l Gemüsebrühe
Salz, Pfeffer
4 EL geriebener Emmentaler
2 Eier

Die Fleischtomaten kreuzweise einritzen und 1 Minute mit kochendem Wasser überbrühen. Mit kaltem Wasser abschrecken, häuten, vierteln und entkernen. Das Tomatenfruchtfleisch würfeln. Zwiebeln und Knoblauch pellen und würfeln. Den Porree putzen, waschen und in feine Ringe schneiden. Möhren und Sellerie schälen, waschen und fein würfeln. Basilikum und Estragon abbrausen, trockenschütteln und die Blättchen fein schneiden.
Die Butter in einem Topf erhitzen. Zwiebeln, Knoblauch und das Gemüse darin 5 Minuten andünsten. Die Kräuter zufügen und die Brühe angießen. Zugedeckt 10 Minuten kochen lassen. Die Suppe mit Salz und Pfeffer abschmecken.
Den Backofen auf 225° C vorheizen. Den Emmentaler mit den Eiern verrühren. Die Suppe in Suppentassen füllen und mit der Käse-Ei-Mischung begießen.
Im Backofen überbacken, bis die Eimasse gestockt ist.

AN DER ECKE VON ST. PAULI

KÜRBISCREMESUPPE
(4 Personen)

1,25 kg Kürbis
1 kleine Gemüsezwiebel
1 walnußgroßes Stück Ingwerwurzel
1 kleine Chilischote
3 EL Butter
1 Knoblauchzehe
½ l Hühnerbrühe
200 g Schlagsahne
Salz, Pfeffer
1 Prise Muskatnuß

Den Kürbis schälen und die Kerne entfernen. Das Fruchtfleisch (die Menge sollte etwa 1 kg ergeben) in Würfel schneiden. Gemüsezwiebel und Ingwer schälen und würfeln. Die Chilischote längs aufschlitzen, die Kernchen abspülen und die Schote fein würfeln. Die Butter in einem hohen Topf erhitzen. Zwiebelwürfel darin glasig dünsten. Den Ingwer und die Chiliwürfel zufügen. Den Knoblauch pellen und dazupressen. Die Kürbiswürfel in den Topf geben und alles kurz andünsten.
Brühe angießen und zugedeckt 20-30 Minuten garen, bis der Kürbis weich ist. Alles mit einem Schneidstab pürieren. Sahne angießen und die Suppe einmal aufkochen lassen. Mit Salz, Pfeffer und Muskat abschmecken.

MEIN TIP
Der Kürbis als eine Suppenterrine? Ihre Gäste werden staunen! Kaufen Sie einen entsprechend großen Kürbis und schneiden Sie einen Deckel ab, das Fruchtfleisch aushöhlen, dabei einen 2-3 cm breiten Rand stehen lassen. Die Suppe wie im Rezept beschrieben zubereiten. Den ausgehöhlten Kürbis in Alufolie wickeln, im Backofen bei 160° C 20-30 Minuten erwärmen. Die heiße Suppe einfüllen und servieren.

AN DER ECKE VON ST. PAULI

Tucholsky schrieb: „Man will immer eine lange Dünne und bekommt 'ne kleine Dicke". Mir ging es ähnlich als Schauspielerin! Ich wollte die „Ophelia" spielen und bekam immer die Rolle des leichten Mädchens. Bei der Schallplattenindustrie war es ebenso. „Petrowitsch, trink mit mir 'nen Slibowitz" und „An der Ecke von St. Pauli" waren meine ersten Schallplatten. Fotografiert wurde natürlich unter einer roten Laterne auf St. Pauli. Und noch als schwangere, jung verheiratete Frau drehte ich auf dem Kiez einen Musikfilm. St. Pauli holte mich eben immer wieder ein.

WAT MUT, DAT MUT

BUNTER MAISTOPF
(4 Personen)

500 g Kürbis
4 frische Maiskolben
2 Paprikaschoten
4 Kartoffeln
5 Tomaten
2 Zwiebeln
2 Knoblauchzehen
4 EL Olivenöl
150 g Erbsen (tiefgekühlt)
½ TL getrockneter Majoran
½ l Gemüsebrühe
Salz, Cayennepfeffer
einige Tropfen Tabasco
1 Bund Petersilie

Den Kürbis schälen, entkernen und würfeln. Die Maiskolben von den Blättern und Fäden befreien, waschen und in dicke Scheiben schneiden.
Die Paprikaschoten vierteln, putzen und dabei die weißen Kernchen und Rippen entfernen. Paprika abspülen und kleinschneiden. Die Kartoffeln schälen, waschen und würfeln.
Die Tomaten kreuzweise einritzen und 1 Minute mit kochendem Wasser überbrühen. Dann mit kaltem Wasser abschrecken. Tomaten häuten, vierteln und entkernen.
Zwiebeln und Knoblauch pellen und würfeln. Das Olivenöl in einem Topf erhitzen. Zwiebeln und Knoblauch darin glasig dünsten. Das vorbereitete Gemüse, Erbsen und Majoran zugeben und kurz andünsten.
Die Brühe angießen und zugedeckt 30 Minuten kochen lassen. Petersilie abbrausen, trockenschütteln und fein schneiden. Den Eintopf mit Salz, Cayennepfeffer und Tabasco scharf abschmecken und mit Petersilie bestreut servieren.

HAFENMELODIE IN MOLL

SELLERIECREMESUPPE
(4 Personen)

1 Sellerieknolle (etwa 500 g)
¼ l Gemüsebrühe
⅛ l Weißwein
2 EL Butter
1 EL Mehl
¾ l Milch
Salz, Pfeffer
Saft von einer ½ Zitrone
1 Eigelb
125 g Schlagsahne
1 EL gehackte Petersilie

Die Sellerieknolle schälen, waschen und grob raspeln. Sellerie mit der Gemüsebrühe und dem Weißwein in einen Topf geben und zugedeckt 30 Minuten kochen lassen.
Sellerie mit der Flüssigkeit durch ein Sieb passieren.
Butter in einem Topf erhitzen. Das Mehl darin goldgelb anschwitzen und unter Rühren mit Milch ablöschen. Das Selleriepüree einrühren und die Suppe 5 Minuten leise köcheln lassen.
Mit Salz, Pfeffer und Zitronensaft abschmecken.
Das Eigelb mit der Schlagsahne verquirlen und in die nicht mehr kochende Suppe einrühren. Mit Petersilie bestreut servieren.

MEIN TIP
Soll die Suppe sättigender und deftiger werden, gebe ich weiße Bohnen aus der Dose oder gekochte Linsen hinein. Vorzugsweise nehme ich kleine, grüne Berglinsen mit ihrem feinen Geschmack, die nur 25-30 Minuten Kochzeit haben.

MÖWEN-GEKICHER

KICHERERBSEN-MANGOLD-EINTOPF
(6 Personen)

350 g Kichererbsen
2 Lorbeerblätter
Salz
1 Mangoldstaude
1 rote Paprikaschote
1 Gemüsezwiebel
2 Knoblauchzehen
4 EL Olivenöl
1 EL Honig
Pfeffer
Chilipulver

Die Kichererbsen mit 1½ l kaltem Wasser in einen großen Topf geben und über Nacht einweichen.
Am nächsten Tag mit dem Einweichwasser und den Lorbeerblättern aufkochen, abschäumen und zugedeckt 2 Stunden leise köcheln lassen. Zwischendurch abschäumen. Etwas Salz zugeben und weitere 20 Minuten kochen.
Den Mangold putzen und waschen. Die Blätter fein schneiden und die Stiele würfeln. Paprikaschote vierteln, putzen und dabei die weißen Rippen und Kernchen entfernen. Paprika abspülen und würfeln.
Die Gemüsezwiebel und den Knoblauch pellen und würfeln. Das Olivenöl in einem großen Topf erhitzen. Zwiebeln und Knoblauch darin andünsten. Paprika und Mangold zugeben und 5 Minuten dünsten. Den Honig unterrühren und mit Salz, Pfeffer und Chilipulver abschmecken.
Die Kichererbsen mit der Flüssigkeit zugeben, verrühren und den Eintopf weitere 30 Minuten leise köcheln lassen.
Nochmals abschmecken.

HEIN MÜCKS GLÜCK

BOHNEN-WIRSING-SUPPE
(6 Personen)

2 Möhren
2 Stangen Staudensellerie
1 Porreestange
3 EL Olivenöl
2 Knoblauchzehen
2 Stiele Thymian
2 Dosen weiße Bohnen (à 425 ml)
¾ l Gemüsebrühe
2 Tomaten
½ kleiner Wirsingkohl
Salz, Pfeffer

Die Möhren schälen, waschen und fein würfeln. Staudensellerie und Porree putzen, waschen und fein schneiden.
1 EL Olivenöl in einem großen Topf erhitzen. Das Gemüse darin andünsten. Die Knoblauchzehen pellen und dazupressen. Den Thymian abspülen und zufügen. Eine Dose weiße Bohnen mit der Flüssigkeit pürieren. Zusammen mit der Gemüsebrühe zu dem Gemüse geben und zugedeckt 15 Minuten kochen lassen.
Restliche weiße Bohnen auf einem Sieb abtropfen lassen.
Die Tomaten kreuzweise einritzen, 1 Minute mit kochendem Wasser überbrühen und kalt abschrecken. Die Tomaten häuten, vierteln und entkernen. Tomatenfruchtfleisch würfeln. Den Wirsing waschen und in feine Streifen schneiden. Restliches Olivenöl erhitzen und den Wirsing darin etwa 10 Minuten dünsten.
Weiße Bohnen, Tomaten und Wirsing in die Suppe geben und kurz erhitzen. Mit Salz und Pfeffer abschmecken.

6.

RAFFINIERTE GÄSTE-VERWÖHNESSEN

INTERNATIONALE SUPPEN

Eine Reise durch die Suppenküchen fremder Länder ist besonders auf- und anregend. Wenn exotische Düfte aus Suppentöpfen aufsteigen und neugierig auf Neues machen, bin ich in meinem Element. Ich muß probieren, schmecken, und natürlich nach dem Rezept fragen. Und da jeder sein Süppchen anders kocht, bringe ich auch immer wieder Abwandlungen der bekannten Spezialitäten mit. Für ein Festessen mit Freunden sind meine internationalen Suppen genau das Richtige.

Rezept auf der nächsten Seite

HUERTA ESPANA

GAZPACHO
(4 Personen)

1 kg Fleischtomaten
½ Salatgurke
2 rote Paprikaschoten
1 Gemüsezwiebel
2 Knoblauchzehen
4 Weißbrotscheiben
2-3 EL Essig
3 EL Olivenöl
Salz, Pfeffer
1 Prise Zucker
2 hartgekochte Eier

Die Fleischtomaten einritzen und mit kochendem Wasser überbrühen. Abschrecken, häuten, halbieren und die Kerne entfernen. Gurke schälen, längs halbieren und mit einem Löffel die Kerne herauskratzen. Die Gurke würfeln. Paprikaschoten vierteln, putzen und dabei die weißen Kernchen und Trennwände entfernen. Die Paprikaschoten abspülen und würfeln. Zwiebel und Knoblauch pellen und fein wiegen.
2 Weißbrotscheiben zerkrümeln und zusammen mit Tomaten, Knoblauch und ¾ des Gemüses im Mixer oder mit einem Schneidstab pürieren. Mit Essig, 2 EL Olivenöl, Salz, Pfeffer und Zucker abschmecken. Die Suppe gut kühlen.
Das restliche Weißbrot würfeln und im restlichen Olivenöl goldbraun rösten. Die Eier hacken. Brotwürfelchen und Eier mit dem übrigen Gemüse in Schüsselchen anrichten und getrennt zu der Tomatensuppe reichen. Jeder nimmt sich dann nach Geschmack von den bereitgestellten Zutaten.

NIX FÜR DÖSBADDELS

CHINESISCHE HÜHNERSUPPE
(6 Personen)

1 Poularde
1 Bund Suppengrün
1 Zwiebel
2 Lorbeerblätter
1 TL Pfefferkörner
2 EL gekörnte Hühnerbrühe
1 Stange Porree
100 g Champignons
100 g Sojasprossenkeime
150 g Erbsen (tiefgekühlt)
100 g Fadennudeln
Salz, Pfeffer
Sojasauce
Chilisauce
3 Eier

Die Poularde gründlich abspülen und in einen großen Topf geben. Suppengrün putzen, waschen und kleinschneiden. Zwiebel pellen und vierteln. Suppengrün, Zwiebeln, Lorbeer, und Pfefferkörner zugeben und 3 l Wasser angießen. Gekörnte Brühe zugeben und alles aufkochen. Abschäumen und im offenen Topf bei schwacher Hitze 1¼ - 1½ Stunden kochen lassen.
Porree putzen, in Ringe schneiden und gründlich waschen.
Die Champignons waschen, putzen und blättrig schneiden. Sojasprossen abspülen und kleiner schneiden.
Die Poularde mit einer Schaumkelle aus der Brühe nehmen. Brühe durchsieben und zurück in den Topf geben. Porree und Champignons zufügen und 15 Minuten garen. Die letzten 5 Minuten Sojasprossen und Erbsen hineingeben.
Fadennudeln separat in Salzwasser bißfest kochen, abgießen, abtropfen lassen und in die Suppe geben. Die Poularde von Haut und Knochen befreien. Das Fleisch in mundgerechte Stücke schneiden und in die Suppe geben. Mit Salz, Pfeffer, Soja- und Chilisauce abschmecken.
Die Eier verquirlen und mit etwas Sojasauce würzen. Suppe aufkochen lassen und die Eier langsam in dünnem Strahl hineingießen und in der Suppe stocken lassen.

MEIN TIP
Die Suppe bekommt mit frischen Korianderblättern und einem Stück Zitronengras einen typischen Asiengeschmack. Einfach in der Brühe mitkochen lassen.

NIX FÜR DÖSBADDELS

Dösbaddel ist der Hamburger Ausdruck für Dummkopf. Das Gegenteil von dumm ist plietsch. Im Hafen und auf See muß man schon plietsch sein. Dösbaddels sind da nicht zu gebrauchen. Und genau so verhält es sich beim Kreieren von neuen Gerichten. Rezepte, die man von Reisen mitbringt, muß man auf hiesige Zutaten abändern, den Geschmack ein wenig variieren, einfach am heimischen Kochtopf plietsch sein. Dabei entsteht so etwas wie die chinesische Hühnersuppe: Nix für Dösbaddels.

POST AUS ÜBERSEE

CHILI CON CARNE
(4 Personen)

100 g durchwachsener, geräucherter Speck
2 Zwiebeln
2 Knoblauchzehen
2 Paprikaschoten
2 EL Öl
500 g Rinderhackfleisch
1 Dose geschälte Tomaten (425 g)
1 Dose Kidney-Bohnen (425 g)
2 TL Streuwürze
Salz
2 EL Chili con Carne (Gewürzmischung)
150 g saure Sahne

Den Speck würfeln. Zwiebeln und Knoblauchzehen pellen und würfeln. Paprikaschoten vierteln, putzen und die weißen Kernchen und Trennwände entfernen. Paprikaschoten abspülen und würfeln.
Das Öl in einem Topf erhitzen und den Speck darin knusprig anbraten. Rinderhackfleisch zufügen und krümelig anbraten. Zwiebeln und Knoblauch daruntermischen und kurz mitbraten. Paprika, Tomaten und Kidney-Bohnen zugeben und untermischen. Streuwürze einrühren und mit Salz und Chili con Carne-Gewürz abschmecken. Zugedeckt etwa 30 Minuten leise köcheln lassen.
Das Gericht nochmals abschmecken und mit einem Klecks saurer Sahne servieren.

MEIN TIP

Zum Chili con carne stelle ich extra kleine Schüsselchen mit milden und scharfen Peperoni und Oliven. Damit kann sich jeder seinen Teller beliebig aufpeppen.

MEUTEREI AUF DER GANGWAY

THAILÄNDISCHER FEUERTOPF
(4 Personen)

750 g Hühnerklein
1 walnußgroßes Stück Ingwerwurzel
1 Knoblauchzehe
1 Zwiebel
2 Stengel Zitronengras
1 Stück Kaffirzitronenschale
3-4 Kaffirzitronenblätter
1 Sternanis
3-4 Chilischoten
3-4 EL Fischsauce
3-4 EL Zitronensaft
250 g rohe Garnelen
1 doppeltes Hähnchenbrustfilet
2 TL Speisestärke
500 g Gemüse (z. B. grüner Spargel, Brokkoli, Spitzkohl, Möhren, Sojasprossen)

Hühnerklein abspülen und in einen großen Topf geben. Ingwer schälen, Knoblauchzehe und Zwiebel pellen. Ingwer, Knoblauch und Zwiebel kleinschneiden. Zusammen mit Zitronengras, Kaffirzitronenschale, Zitronenblättern, Sternanis und Chili in den Topf geben. 2 l Wasser angießen und 1½ Stunden leise köcheln lassen. Nach 10-15 Minuten die Zitronenschale herausnehmen.
Die Brühe durchsieben und mit Fischsauce und Zitronensaft abschmecken. Die Garnelen abspülen. Das Hähnchenfleisch in Scheiben schneiden. Speisestärke darüberpudern und in das Fleisch reiben. Das Gemüse waschen, putzen und zerkleinern. Garnelen, Hähnchenfleisch und Gemüse in der Brühe garen.
Zum Feuertopf paßt körniger Reis, z.B. Basmati oder Duftreis.

MEIN TIP

Der Feuertopf ist die berühmteste der thailändischen Suppen. Der gleichnamige Topf wurde ursprünglich mit Holzkohle beheizt, heute wird er mit einem Rechaud oder elektrisch bei Tisch warm gehalten. Jeder gibt die Zutaten mit kleinen, speziellen Sieben in die Brühe und nimmt sie damit wieder heraus. Zum Schluß wird die köstliche Brühe getrunken. Statt Feuertopf können Sie einen Fonduetopf mit Rechaud verwenden. Spezielle Zutaten wie Zitronengras, Kaffirzitrone und -blätter und Fischsauce bekommen Sie in asiatischen Fachgeschäften.

IMBISS IM BISTRO

ZWIEBELSUPPE
(4 Personen)

500 g Zwiebeln
80 g Butter
1 gehäufter EL Mehl
1 l klare Fleischbrühe
1 Glas trockener Weißwein
Salz, Pfeffer
1 Prise geriebene Muskatnuß
½ Baguette
80 g geriebener Emmentaler
oder Gruyère

Die Zwiebeln pellen und in Ringe schneiden. Butter in einem Topf mit möglichst weiter Öffnung erhitzen. Die Zwiebeln darin bei mittlerer Hitze weich dünsten, ohne Farbe nehmen zu lassen.
Das Mehl darüberstäuben und unter Rühren kurz anschwitzen. Brühe angießen und zum Kochen bringen. Zugedeckt 15 Minuten leise köcheln lassen.
Weißwein angießen und mit Salz, Pfeffer und Muskat abschmecken.
Baguette in Scheiben schneiden und toasten. Etwas Brühe abschöpfen und beiseite stellen. Die Zwiebelsuppe in feuerfeste Suppentassen füllen. Die Baguettescheiben darauflegen und die abgenommene Brühe darübergießen. Den Käse auf die Baguettescheiben streuen. Unter dem vorgeheizten Grill goldbraun überbacken.

MEIN TIP
Ein neues Aroma bekommt die Zwiebelsuppe, wenn Sie zum Überbacken die Baguettescheiben statt mit Emmentaler mit zerbröckeltem Ziegenkäse belegen.

FÜR CAPT'N COOKS CREW

IRISH STEW
(4 Personen)

600 g Lammfleisch aus der Keule
300 g Weißkohl
500 g Kartoffeln
2 große Zwiebeln
1 Bund Thymian
(ersatzweise 4 TL getrockneter)
1 guten EL Butterschmalz
Salz, Pfeffer
2 Lorbeerblätter
½ l klare Fleischbrühe

Das Lammfleisch in gulaschgroße Würfel schneiden. Weißkohl putzen, kleinschneiden und waschen. Die Kartoffeln schälen, waschen und in Scheiben schneiden. Zwiebeln pellen und grob würfeln. Thymian abbrausen und die Blättchen von den Stielen zupfen.
In einem Bräter das Butterschmalz zerlassen. Fleisch, Kohl, Kartoffeln und Zwiebeln einschichten. Dabei jede Schicht mit Salz, Pfeffer und Thymian würzen. Die Lorbeerblätter mit einlegen. Die Brühe angießen. Zugedeckt im Backofen bei 180° C 70-80 Minuten garen.

MEIN TIP
Irish Stew soll angenehm scharf schmecken, deshalb nicht mit Pfeffer sparen. Am besten ist deshalb frisch gemahlener Pfeffer aus der Mühle.

GRÜEZI VON DER ALM

SCHWEIZER SPINATSUPPE
(4 Personen)

250 g Blattspinat
1 Zwiebel
2 EL Butter
3 EL Mehl
1 l Hühnerbrühe
2 Ecken Sahneschmelzkäse
(60 % Fett i. Tr.)
Salz, Pfeffer
1 Prise geriebene Muskatnuß
1 Prise Zucker
4 Scheiben Toastbrot
100 g geriebener Emmentaler

Den Blattspinat mehrmals gründlich waschen. Dann verlesen, putzen und in einem Durchschlag abtropfen lassen. Zwiebel pellen und würfeln.
Die Butter in einem hohen Topf erhitzen. Die Zwiebeln darin glasig dünsten. Spinat zufügen und kurz mit dünsten. Mehl darüberstreuen und kurz anschwitzen. Brühe angießen und aufkochen. 10 Minuten bei schwacher Hitze kochen lassen.
Den Spinat mit einem Schneidstab pürieren. Den Schmelzkäse in Stückchen in die Suppe geben und darin unter Rühren schmelzen lassen. Die Suppe mit Salz, Pfeffer, Muskat und Zucker abschmecken.
Mit einem Glas aus dem Toastbrot Kreise ausstechen. Auf ein mit Alufolie ausgelegtes Backblech legen und mit Käse bestreuen. Unter dem vorgeheizten Grill bräunen. Den Käsetoast kurz vor dem Servieren auf die Suppe geben.

MEIN TIP
Wer möchte, nimmt einen Schmelzkäse mit Geschmack, z. B. Salami, Kräuter oder Champignon.

VEERMASTERS RETTUNGSRING

SERBISCHER SAUERKRAUTEINTOPF
(4 Personen)

500 g Kasseler
1 Bund Suppengrün
2 Zwiebeln
3 Knoblauchzehen
500 g Kartoffeln
500 g Sauerkraut
2 milde Peperoni
2 EL Butterschmalz
2 EL Tomatenmark
1 TL Kümmel
2 TL Paprikapulver (edelsüß)
Salz, Pfeffer

Kasseler in einen Topf geben. Das Suppengrün putzen, waschen und zufügen. ½ l Wasser angießen und zugedeckt 45 Minuten garen.
Zwiebeln und Knoblauchzehen pellen und würfeln. Die Kartoffeln schälen, waschen und in Stücke schneiden. Sauerkraut zerpflücken. Peperoni kleinschneiden.
Das Butterschmalz in einem Topf erhitzen. Zwiebeln, Knoblauch und Kartoffeln darin anschmoren. Sauerkraut und Peperoni zufügen. ¼ l von der Fleischbrühe abnehmen und mit Tomatenmark, Kümmel und Paprikapulver verrühren. Angießen, alles mischen und zugedeckt 30 Minuten garen.
Das Fleisch würfeln und zugeben. Den Sauerkrauttopf noch einige Minuten bei schwacher Hitze ziehen lassen. Mit Salz und Pfeffer kräftig abschmecken.

MEIN TIP
Nach Belieben das Gemüse vom Suppengrün kleinschneiden und unter den Sauerkrauttopf mischen.

KOLJAS DATSCHA-TRAUM

Weißkohl findet man in vielen russischen Rezepten. Ob roh, gekocht oder als Sauerkraut, denn Kohl ist billig und nicht so schnell verderblich und macht dazu noch satt. Auf russisch heißt er „Kapusta", was sich wahrscheinlich vom lateinischen „Caput" gleich Kopf herleitet. Borschtsch entstand in der bäuerlichen Küche, und es wird erzählt, daß in einigen Dörfern ein großer Topf für alle gekocht wurde. Jeder trug dazu bei, was er gerade hatte, der eine mehr, der andere weniger, aber beim Essen waren sie alle gleich. Vom Borschtsch gibt es, wie von so vielen Gerichten, unzählige Variationen. Hier eine besonders feine, in der nur der Saft der roten Bete verwendet wird.

KOLJAS DATSCHA-TRAUM

BORSCHTSCH
(4 Personen)

500 g Hochrippe
2-3 Markknochen
2 EL gekörnte Brühe
600 g Weißkohl
300 g Kartoffeln, vorwiegend festkochend
150 g Knollensellerie
2 rote Bete
Salz, Pfeffer
1 Messerspitze Kümmel
2 EL gehackter Dill
250 g saure Sahne

Hochrippe, Markknochen und die gekörnte Brühe in einen großen Suppentopf geben. 2 l Wasser angießen und aufkochen. Abschäumen und das Fleisch bei schwacher Hitze im offenen Topf gut 2 Stunden garen.
Weißkohl putzen, in Stücke schneiden und waschen. Kartoffeln und Sellerie schälen, waschen und würfeln.
Die Brühe durchsieben und in den Topf zurückgeben. Weißkohl, Kartoffeln und Sellerie hineingeben und alles etwa 30 Minuten kochen lassen.
Fleisch würfeln. Rote Bete schälen und fein reiben. Rote Bete in ein Passiertuch geben und den Saft auspressen.
Den Rote-Bete-Saft in die Suppe geben, die dadurch eine schöne rote Farbe bekommt.
Das Fleisch zufügen und die Suppe mit Salz, Pfeffer und Kümmel abschmecken. Noch einige Minuten bei schwacher Hitze ziehen lassen.
Mit Dill bestreuen und einem Klecks saurer Sahne servieren.

GANGESZAUBEREI
INDISCHE PARTYSUPPE
(6 Personen)

5 Zwiebeln
4 EL Öl
1 l Hühnerbrühe
1 l Rindfleischbrühe
500 g Rinderhackfleisch
1 grobe, ungebrühte Bratwurst
Salz, Pfeffer
Curry
250 g Schlagsahne
3 Eigelb

Die Zwiebeln pellen und vier davon in hauchdünne Ringe schneiden. Öl in einem Topf erhitzen. Die Zwiebelringe darin goldgelb anbraten. Beide Fleischbrühen zugießen und zugedeckt 20 Minuten leise köcheln lassen.
Restliche Zwiebel fein würfeln. Zusammen mit Rinderhack, Bratwurstmasse, Salz, Pfeffer und 2 TL Curry zu einem glatten Fleischteig verkneten.
Mit leicht angefeuchteten Händen aus der Masse kleine Klößchen formen und in die Suppe geben. Etwa 10 Minuten darin ziehen lassen.
Die Schlagsahne mit Eigelb verquirlen und mit Salz und 2-3 TL Curry würzen. Die Curry-Ei-Sahne in eine Suppenterrine geben und die heiße Suppe darübergießen. Einmal kräftig umrühren.

MEIN TIP
Die Partysuppe können Sie mit einer Handvoll gekochtem Reis und feingeschnittenem Porree gehaltvoller machen. Wer möchte, schmeckt mit Mango-Chutney ab, dadurch bekommt sie eine pikantsüße Note.

ITALIENISCHER GARTEN EDEN
MINESTRONE
(4 Personen)

200 g weiße, getrocknete Bohnen
1 Stange Porree
2 Stangen Staudensellerie
250 g Weißkohl
1 große Möhre
1 mittelgroße weiße Rübe
1 große Kartoffel
1 Zwiebel
1 Knoblauchzehe
50 g durchwachsener, geräucherter Speck
1 EL Olivenöl
1½ l klare Fleischbrühe
2 Fleischtomaten
100 g grüne Bohnen
100 g Erbsen (tiefgekühlt)
Salz, Pfeffer
1 Prise Zucker
1 Töpfchen Basilikum

Die Bohnen mit kaltem Wasser bedeckt über Nacht einweichen. Im Einweichwasser 1½ Stunden kochen lassen.
Porree, Staudensellerie und Weißkohl putzen und waschen. Möhre, Rübe und Kartoffel schälen und waschen. Gemüse sehr fein schneiden. Zwiebel und Knoblauch pellen und würfeln.
Speck in feine Würfel schneiden.
Das Öl in einem Topf erhitzen und den Speck darin knusprig auslassen. Das vorbereitete Gemüse zum Speck geben und darin andünsten. Brühe angießen und aufkochen. Zugedeckt 15 Minuten leise köcheln lassen.
Tomaten kreuzweise einritzen und 1 Minute mit kochendem Wasser überbrühen. Die Tomaten kalt abschrecken, häuten und würfeln, dabei die Kernchen entfernen.
Bohnen waschen, putzen und in kleine Stücke schneiden.
Tomaten, Bohnen und Erbsen in die Gemüsesuppe geben und weitere 15 Minuten garen.
Die Bohnen abgießen, abtropfen lassen und in die Suppe geben. Mit Salz, Pfeffer und Zucker abschmekken. Basilikum abschneiden, abbrausen, die Blättchen fein schneiden und die Minestrone damit bestreut servieren.

MEIN TIP
Statt Bohnen eignen sich auch kleine Nudeln. Typisch sind italienische Reisnudeln, die zwar aus Nudelteig gemacht werden, aber durch ihre Form wie Reis aussehen. Es gibt sie allerdings nur in mediterranen Feinkostgeschäften.

KOMM' CIGAN
LETSCHO – UNGARISCHER PAPRIKATOPF
(4-6 Personen)

250 g durchwachsener, geräucherter Speck
1 kg Paprikaschoten (rot, grün, gelb)
750 g Fleischtomaten
250 g Zwiebeln
3 EL Öl
1 EL Paprika (edelsüß)
⅛ - ¼ l klare Fleischbrühe
4 Knoblauchwürste (Cabanossi)
Salz, Pfeffer
4-6 Eier

Den Speck würfeln. Die Paprikaschoten vierteln, putzen und dabei die weißen Kernchen und Trennwände entfernen. Paprikaschoten abspülen und dann in grobe Stücke schneiden. Die Tomaten kreuzweise einritzen und 1 Minute mit kochendem Wasser überbrühen, kalt abschrecken und häuten. Die Tomaten vierteln. Die Zwiebeln pellen, halbieren und in Streifen schneiden.
Das Öl in einem Topf erhitzen. Den Speck darin knusprig braten. Die Zwiebeln zufügen und andünsten. Das Paprikapulver über das Speck-Zwiebel-Gemisch streuen und unter Rühren anschwitzen. Die Paprikaschoten zufügen und etwas Brühe angießen. Zugedeckt 20 Minuten garen.
Die Knoblauchwürste in Scheiben schneiden und zusammen mit den Tomaten zu den Paprikaschoten geben. Weitere 5 Minuten garen. Nach Bellieben noch etwas Brühe angießen. Mit Salz und Pfeffer abschmecken.
Die Eier mit Salz verquirlen und über den Paprikatopf gießen. Dann noch bei schwacher Hitze zugedeckt etwa 3 Minuten stocken lassen.

PARISER POTPOURRI
CASSOULET – FRANZÖSISCHER BOHNENEINTOPF
(6 Personen)

500 g weiße, getrocknete Bohnen
4 Knoblauchzehen
2 Lorbeerblätter
4 Gewürznelken
1 Kräutersträußchen (Petersilie, Thymian)
4 Zwiebeln
6 Gänsekeulen
Salz, Pfeffer
4 EL Gänseschmalz
1 Knoblauchwurst
4 Tomaten
4-5 EL Semmelbrösel

Die weißen Bohnen über Nacht mit kaltem Wasser bedeckt einweichen. Am nächsten Tag im Einweichwasser mit zwei gepellten Knoblauchzehen, den Lorbeerblättern, Gewürznelken und dem Kräutersträußchen 1½ Stunden kochen.
Die restlichen Knoblauchzehen und die Zwiebeln pellen. Die Gänsekeulen mit Salz und Pfeffer würzen. 2 EL Gänseschmalz erhitzen und die Gänsekeulen darin ringsum anbraten. Zwiebeln und Knoblauch zufügen und mitbraten.
Bohnen abgießen und das Kochwasser auffangen. ½ l Bohnenwasser zu den Gänsekeulen geben und 1 Stunde garen. Das Fleisch vom Knochen lösen und kleinschneiden.
Die Knoblauchwürste in Scheiben schneiden. Tomaten kreuzweise einritzen, mit kochendem Wasser überbrühen. Kalt abschrecken und häuten. Die Tomaten würfeln. Die Bohnen mit Salz und Pfeffer würzen. Zusammen mit Gänsefleisch, Tomaten und Knoblauchwurst in eine feuerfeste Form schichten. Mit Bohnen abschließen. Den Bratenfond mit den Zwiebeln angießen. Alles mit Semmelbröseln bestreuen.
Restliches Gänseschmalz erhitzen und darüberträufeln. Im Backofen bei 175° C 1½ Stunden garen.

MEIN TIP
Keine Frage, die zeitaufwendige Zubereitung des Bohneneintopfs lohnt sich, denn „frisch" gekocht schmeckt er einmalig. Wenn ich allerdings Fleischreste habe, und wenig Zeit, brate ich das Fleisch kurz in Gänseschmalz an und schichte es mit weißen Bohnen aus der Dose und stückigen Tomaten aus der Packung nur zum Überbacken in eine Auflaufform.

7.

SÜSS UND PIKANT

KÖSTLICHE KALT-SCHALEN

Schnell gerührt und eisgekühlt serviert, das ist die Suppen-Idee für die heiße Jahreszeit, und sie verspricht Spitzengenuß. Vollreife Sommerfrüchte wie Melone, Himbeeren, Erdbeeren, Stachelbeeren und Kirschen sind die Basis für die Süßen. Absolut neu und hitverdächtig sind die herzhaften Kaltschalen aus Joghurt, Gemüse und Geflügel. Ob süß oder pikant, meine Kaltschalen – im eisgekühlten Glasteller – sind einfach alle super cool!

Rezept auf der nächsten Seite

TREIBEIS VORAUS

JOHANNISBEER-APFEL-
KALTSCHALE
(4 Personen)

½ l Apfelsaft
¼ l roter Johannisbeersaft
1 Päckchen Vanillinzucker
1 Zimtstange
2 Äpfel
2 EL Speisestärke
500 g rote Johannisbeeren
250 ml Vanilleeis
Minze zum Garnieren

Apfel- und Johannisbeersaft mit Vanillinzucker und Zimtstange aufkochen. Äpfel waschen, vierteln und das Kerngehäuse herausschneiden. Apfelviertel in Spalten schneiden und 2 Minuten im Fruchtsaft garen. Die Speisestärke mit etwas kaltem Wasser verquirlen und unter Rühren zum Saft geben. Einmal aufkochen lassen.
Johannisbeeren vorsichtig abspülen und mit einer Gabel die Beeren von den Rispen streifen. Johannisbeeren in die Suppe geben und auskühlen lassen. Zimtstange entfernen.
Vanilleeis portionieren. Kaltschale in Suppenteller füllen und das Vanilleeis hineingeben. Mit Minze garniert servieren.

MEIN TIP
Wer die Fruchtsäure der Johannisbeeren etwas abmildern möchte, ersetzt die Hälfte der Johannisbeeren durch Himbeeren. Ganz vorzüglich schmeckt die Kaltschale auch mit Weintrauben.

POLE POPPENSPEELER

RHABARBERKALTSCHALE
MIT SCHNEEKLÖSSCHEN
(4 Personen)

700 ml Kirschsaft
4 EL schwarzes Johannisbeergelee
2 EL Speisestärke
Saft von einer ½ Zitrone
500 g Rhabarber
2 Eiweiß
8 TL Zucker
1 gestrichener TL Zimt

Kirschsaft und Johannisbeergelee in einen Topf geben und aufkochen. Dabei das Gelee verrühren. Speisestärke mit Zitronensaft und 2 EL kaltem Wasser verquirlen und unter ständigem Rühren zum Saft geben. Noch einige Minuten leise köcheln lassen.
Rhabarber putzen, waschen, abziehen und in kleine Stücke schneiden. Den Rhabarber in die Suppe geben und 3-4 Minuten darin garen. Die Suppe auskühlen lassen.
In einem breiten Topf 2 l Wasser zum Kochen bringen. Eiweiß steif schlagen und dabei 5 TL Zucker einrieseln lassen. Mit einem Löffel Klößchen abstechen. Den Topf von der Kochstelle nehmen und die Klößchen vorsichtig ins Wasser gleiten lassen. Deckel auflegen. Die Klößchen 5-6 Minuten gar ziehen lassen. Das Wasser darf nicht mehr kochen.
Klößchen mit einer Schaumkelle herausnehmen und abtropfen lassen. Restlichen Zucker mit Zimt mischen und auf die Schneeklößchen streuen und auf die Kaltschale setzen.

MEIN TIP
Den Rhabarber beim Garen nicht zu weich werden lassen, da er in der heißen Suppe noch nachgart.

POLE POPPENSPEELER

Eine wunderschöne Novelle unseres großen Dichters aus dem Norden. Von ihm, Theodor Storm, einen bekannten Namen für eines meiner Gerichte zu entleihen, liegt für mich nahe,denn er war – wie viele Künstler – ein großer Gourmet.

FLINTENPEDDERS DÖNTJES

Auf Norderney kam ich einmal mit jemand ins Gespräch, der mir ganz nach einem Landstreicher aussah. „Bist Du ein Monarch?“ fragte ich ihn. „Nee“, sagte er, „Bi uns heet dat Flintenpedder“. Aha, dachte ich, der nordfriesische Landstreicher (Monarch) heißt also auf ostfriesisch Flintenpedder. Als er mir aber etwas von Schußwaffenzertreter erzählen wollte, hob ich die Hand. „Nee, nee, das sind nun aber Döntjes“ antwortete ich ihm. Mit diesem Schauermärchen oder Döntjes konnte er bei mir keinen Eindruck machen. Ich weiß wohl, daß Flint kleine Steinchen sind und dee peddst du mit dee Fööt (trittst du mit den Füßen). Und so wird's wohl auch sein.

FLINTENPEDDERS DÖNTJES

MELONENKALTSCHALE
(4 Personen)

1 mittelgroße Wassermelone, am besten ohne Kernchen
3-4 Limetten
50 g Zucker
1 Päckchen Vanillinzucker
Zitronenmelisse zum Garnieren

Die Melone halbieren und eventuell die Kerne mit einem Löffel herauskratzen. Aus dem Fruchtfleisch einige Bällchen mit einem Kugelausstecher herauslösen und beiseite legen.
Die Melonenhälften aushöhlen und das Fruchtfleisch in einen Mixer geben. Melonenhälften mit Folie abdecken und in den Kühlschrank legen. Die Limetten auspressen. Den Limettensaft mit Zucker und Vanillinzucker aufkochen lassen, so daß sich der Zucker löst. Limettensaft zum Melonenfruchtfleisch geben und alles pürieren. Im Kühlschrank gut durchkühlen lassen.

Die Melonenhälften unten gerade schneiden, so daß sie gut stehen. Melonenbällchen in die Melonen geben und die Suppe einfüllen. Mit Zitronenmelisse garniert servieren.

MEIN TIP

Nehmen Sie nur Melonen mit Intensiv-Aroma und butterweichem Fruchtfleisch. Die Reife erkennen Sie bei Zuckermelonen am betörenden Duft, der durch die Schale dringt. Wassermelonen klingen beim Daraufklopfen hohl.

JAM SESSION

Ich empfinde es immer als sehr aufregend und musikalisch hoch interessant, wenn tolle Musiker zusammenkommen und frei improvisieren. Ein bekanntes Thema wird vorgegeben, und dann wandelt es jeder auf seine Art ab. Da wird drauflos gejazzt, und die Musiker geben alles. Die Bezeichnung dafür ist „Jam Session". Session heißt soviel wie Sitzung, das ist klar, aber warum Jam, also Marmelade? Es soll zum Ausdruck kommen, daß hier musikalisch vieles „zusammengerührt" wird, wie in einer Jam, einer englischen Vielfruchtmarmelade.

JAM SESSION

FRÜCHTE-MIX-SUPPE
(4 Personen)

1 l Milch
1 Vanilleschote
100 g Zucker
1 Prise Salz
3 EL Speisestärke
3 Eier
1 Orange
1 Banane
100 g Himbeeren
100 g Erdbeeren
1 EL gehackte Pistazien

¾ l Milch in einen Topf gießen. Die Vanilleschote längs aufschneiden und das Mark herauskratzen. Vanillemark und -schote zusammen mit Zucker und Salz in die Milch geben und aufkochen. Die restliche Milch mit der Speisestärke verquirlen. Vanilleschoten aus der Milch nehmen. Dann die angerührte Speisestärke einrühren. Einmal aufkochen lassen. Den Topf vom Herd nehmen.
Die Eier trennen. Eigelb mit etwas Suppe verquirlen und in die Suppe einrühren. Eiweiß steif schlagen und unter die heiße Suppe heben. Die Suppe erkalten lassen, dabei häufig umrühren.
Die Orange schälen und das Fruchtfleisch in Stücke schneiden. Die Banane schälen und in Scheiben schneiden. Die Himbeeren verlesen. Die Erdbeeren waschen, putzen und halbieren. Die Früchte in tiefe Teller oder eine Terrine geben und die Suppe darübergießen. Vor dem Servieren mit Pistazien bestreuen.

LEIDENSCHAFTLICH KÜHL

ERDBEER-BUTTERMILCH-KALTSCHALE
(4 Personen)

500 g Erdbeeren
4 EL Zucker
1 Päckchen Vanillinzucker
1 l Buttermilch
Saft von 1½ Zitronen
2 EL Mandelstifte

Erdbeeren waschen und putzen, danach je nach Größe halbieren oder vierteln und mit Zucker und Vanillinzucker in einer Schüssel mischen.
Zugedeckt im Kühlschrank 30 Minuten durchziehen lassen.
Die gut gekühlte Buttermilch mit Zitronensaft kräftig verrühren.
Erdbeeren in eine Terrine oder Schüssel geben und die Buttermilch darübergießen.
Mit Mandelstiften bestreuen.

MEIN TIP
Sommerkräuter, die sehr gut zu Erdbeeren schmecken, sind frische Minze und Zitronenmelisse. Einen gehackten Eßlöffel Kräuter unter die Erdbeeren mischen und durchziehen lassen.

SAIL AWAY

Wenn ich die Mangosuppe mit ihren exotischen Zutaten koche, bekomme ich immer Fernweh. Der Nordfriese Hans Hartz kreierte den Song „Sail away" und jeder kennt wohl das Bild des Windjammers „Alexander von Humboldt". Die romantische Vorstellung von imposanten Segelschiffen, die Sehnsucht in die Ferne und die anschließende Sehnsucht nach Zuhause, werden immer bleiben. Auch wenn heute der Transport auf den Meeren von Tankern und Containerschiffen übernommen worden ist. Hans Hartz besingt Sehnsucht und Abschied in einem anderen Song:
Fährt mein Schiff
vom Hafen fort,
hat es Träume
mit an Bord...
Drum weine doch nicht,
denn eines Tag's,
es muß so sein,
fährt das Schiff
in uns'ren Hafen ein.

SAIL AWAY

PIKANTE MANGOSUPPE
(4 Personen)

3 mittelgroße, reife Mangos
1 walnußgroßes Stück Ingwerwurzel
½ l Geflügelfond
(aus dem Glas oder selbstgekocht)
2 EL Kokosraspel
1 EL Curry
Salz, Cayennepfeffer
1-2 EL Limettensaft
2 Hähnchenbrustfilets
Pfeffer
1 EL Öl

Die Mangos schälen und das Fruchtfleisch sauber um den Kern herum abschneiden. Ingwerwurzel schälen und in kleine Stücke schneiden.
Mangostücke, Ingwer und etwas Geflügelfond in einem Mixer pürieren. Den restlichen Geflügelfond, die Hälfte der Kokosraspel und den Curry unterrühren. Mit Salz, Cayennepfeffer und Limettensaft abschmecken. Die Suppe im Kühlschrank gut durchkühlen lassen.
Die Hähnchenbrustfilets mit Salz und Pfeffer einreiben. Öl in einer Pfanne erhitzen und die Hähnchenbrustfilets darin gut 10 Minuten braten. Auskühlen lassen.
Hähnchenbrustfilets in Scheiben oder Würfel schneiden. Die Mangosuppe mit Hähnchenbrust und den übrigen Kokosraspeln bestreut servieren.

MEIN TIP
Zu dem scharf-fruchtigen Geschmack der Mangosuppe passen statt Hähnchenbrust auch gebratene oder gekochte Garnelen.

GROSSE FREIHEIT

GURKENSUPPE
(4 Personen)

1 kg Sahnejoghurt
1 Salatgurke
50 g feingehackte Walnüsse
1 Knoblauchzehe
5 EL Olivenöl
Salz, Pfeffer
50 g Keta- oder Forellenkaviar
Dillzweige zum Garnieren

Den Sahnejoghurt in eine Schüssel geben.
Die Salatgurke waschen und acht Scheiben abschneiden. Die restliche Gurke halbieren und die Kerne mit einem Löffel herauskratzen. Gurkenfruchtfleisch würfeln. Zusammen mit den Walnüssen unter den Joghurt rühren. Knoblauchzehe pellen und dazupressen. Das Olivenöl unterrühren. Mit Salz und Pfeffer pikant abschmecken. Gut durchkühlen lassen.
Die Gurkenkaltschale mit Gurkenscheiben, Kaviar und Dillzweigen garniert servieren.

MEIN TIP
Die Gurkensuppe können Sie immer wieder aufs Neue abwandeln, einmal mit feingehackten Oliven, oder mit Paprikawürfelchen oder mit frischer, gehackter Minze.

GROSSE FREIHEIT

*Die Reeperbahn und die „Große Freiheit" gehören wohl zu den bekanntesten Straßen Deutschlands. Wie ihre Namen entstanden sind, ist nicht weniger interessant.
Reeper sind Seilmacher, die bis zu 200 m Strecke brauchen, um ihre Seile zu drehen. Diese Bahn war eben die Reeperbahn und wer sie entlang schaut, stellt fest, daß sie auch schnurgerade ist, wie ein gespanntes Seil. Die „Große Freiheit" war einmal ein zollfreies Gebiet als Teil der deutsch-dänischen Grenze, die mitten durch das heutige Hamburg ging.
Altona und ganz Schleswig-Holstein waren noch zu Bismarcks Zeiten dänisch, und auf der „Großen Freiheit", wo auch der Schnaps zollfrei war, wurde damals schon eifrig gebechert.*

MARY'S CHERRY-SOUP

SAUERKIRSCH-KALTSCHALE
(4 Personen)

500 g Sauerkirschen (Schattenmorellen)
½ l Kirschsaft
2-4 EL Zucker
1 Zimtstange
2 EL Speisestärke
1 Baiserschale
Zitronenmelisse zum Garnieren

Die Kirschen waschen, entstielen und entsteinen. Kirschen zusammen mit Kirschsaft, Zucker und Zimtstange in einen Topf geben und aufkochen. Die Speisestärke mit wenig kaltem Wasser verquirlen und unter Rühren in die Suppe geben. Einmal aufkochen, abkühlen lassen und in den Kühlschrank stellen.
Die Kaltschale in Suppenteller füllen. Die Baiserschale zerbrökkeln und daraufgeben. Mit Zitronenmelisseblättchen garniert servieren.

MEIN TIP
Zum Entsteinen von Kirschen gibt's natürlich einen Kirschentsteiner. Ein tolles Hilfsmittel, das meine Mutter immer benutzte, war eine aufgebogene Büroklammer aus Metall. Geht auch prima!

LANGE ANNA

JOGHURTSUPPE MIT RUCOLA
(4 Personen)

1 mittelgroßer Zucchino
2 Schalotten
2 Bund Rucola (Rauke)
500 g Sahnejoghurt
¼ l eiskaltes Mineralwasser
Salz, Pfeffer
Zitronensaft
1 EL Sesam- oder Olivenöl nach Belieben
150 g Krabbenfleisch

Den Zucchino waschen, putzen und in kleine Stücke schneiden. Die Schalotten pellen und vierteln. Rucola waschen und die dicken Stiele abknipsen.
Den Sahnejoghurt mit Zucchinistücken, Schalotten und Rucola in einem Mixer pürieren. Mineralwasser unterrühren. Die Suppe mit Salz, Pfeffer, Zitronensaft und nach Belieben mit Sesam- oder Olivenöl abschmecken.
Die Suppe 1-2 Stunden kühl stellen. Kurz vor dem Servieren das Krabbenfleisch daraufgeben.

MEIN TIP
Wenn von dieser köstlichen Suppe doch einmal etwas übrigbleibt, friere ich den Suppenrest in einem Eiswürfelbereiter ein. Die Joghurt-Eiswürfel zusammen mit passierten Tomaten grob im Mixer zerschlagen, und Sie haben im Handumdrehen eine neu kreierte Kaltschale oder mit Mineralwasser aufgefüllt erfrischendes Getränk.

LANGE ANNA

Wer erinnert nicht den Felsen von Helgoland, auch als erhobener Zeigefinger bezeichnet, der sich so markant von der Silhouette abhebt, wenn man sich der Insel nähert. Er trägt einen weiblichen Namen, „Lange Anna“, während die Nordsee ja einen männlichen Namen trägt, „Blanker Hans“. Bei Flut taucht die „Lange Anna“ in das ansteigende Wasser ein, sie geht als mit dem „Blanken Hans“ baden!...Lassen Sie Ihrer Phantasie freien Lauf, auch beim Zubereiten Ihrer ganz persönlichen Krabbensuppe.

NIXENBALLETT

HIMBEER-KALTSCHALE
(4 Personen)

600 g Himbeeren (tiefgekühlt)
100 g Zucker
Saft von 1 Zitrone
2 EL Speisestärke
¼ l Weißwein
125 g Schlagsahne
½ Päckchen Vanillinzucker
2 EL blättrige Mandeln

Die Hälfte der Himbeeren mit 50 g Zucker in einer Schüssel auftauen lassen.
Die restlichen Himbeeren mit ½ l Wasser, Zitronensaft und dem restlichen Zucker bei mittlerer Hitze 10 Minuten kochen lassen. Mit einem Schneidstab pürieren.
Speisestärke mit wenig kaltem Wasser verquirlen und unter Rühren in die Suppe geben. Einmal aufkochen lassen. Die gezuckerten Himbeeren und den Weißwein einrühren. Die Suppe kalt stellen.
Sahne mit Vanillinzucker steif schlagen und in einen Spritzbeutel mit großer Sterntülle füllen. Die Himbeerkaltschale in tiefe Teller füllen und mit einem Sahnetuff garnieren. Mit den Mandeln bestreuen.

MEIN TIP
Für die Himbeerkaltschale nehme ich gerne einen leichten, italienischen Weißwein, z. B. einen Prosecco oder einen Pinot Grigio.

DADDELDU

MANDELSUPPE
MIT KIRSCHTOMATEN
(4 Personen)

3 Scheiben Toastbrot
3 Knoblauchzehen
1 Bund Basilikum
100 g gehäutete, ganze Mandeln
1 l kalte Gemüsebrühe
5 EL Olivenöl
Salz, Pfeffer
1-2 EL Weißweinessig
250 g Kirschtomaten

Die Toastbrotscheiben aufeinanderlegen und die Rinde abschneiden. Das Toastbrot 10 Minuten in kaltem Wasser einweichen. Die Knoblauchzehen pellen. Das Basilikum abbrausen, trockenschütteln und die Blättchen abzupfen.
Das Toastbrot ausdrücken und dann zusammen mit Knoblauch, Basilikum, Mandeln und etwas Brühe im Mixer pürieren. Restliche Brühe und Olivenöl unterrühren. Mit Salz, Pfeffer und Essig abschmecken und gut durchkühlen lassen.
Die Kirschtomaten waschen, putzen und halbieren. Kirschtomaten in die Suppe geben und servieren.

MEIN TIP
Die Suppe bekommt mit Basilikum ein feines, kräuterfrisches Aroma. Wenn Sie die Suppe mit einem Bund Kräuter für Frankfurter Grüne Sauce zubereiten, schmecken Sie Intensiv-Aroma eines ganzen Kräutergartens.

DADDELDU

Einmal hat alles ein Ende!
Die Sammlung meiner
Suppenrezepte ist noch
lange nicht ausgeschöpft,
und ich könnte Ihnen noch
unzählige Rezepte verraten.
Für Sie, liebe Leserinnen
und Leser, sollten es aber
nur die Besten sein.
Und außerdem wollte ich
Sie dazu anregen,
in das Geheimnis des
Suppekochens einzu-
tauchen und auch einmal
eigene Rezepte zu kreieren.
Also mache ich
an dieser Stelle Schluß,
was auf hamburgisch
„Daddeldu" heißt,
und sage TSCHÜSS
bis zum nächsten Mal.

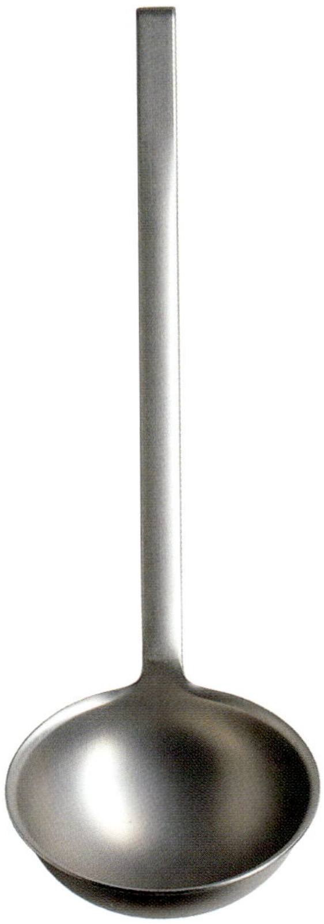

REZEPT-REGISTER

A

B

C

D

M

N

O

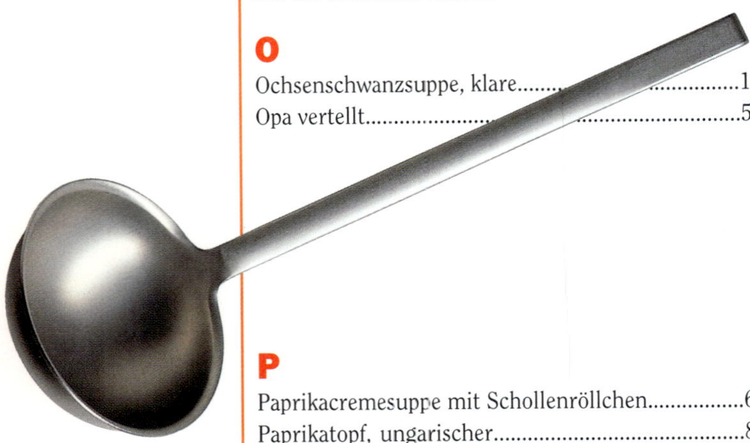

P

R

S

T

U

V

W

Z